KLAUS SCHAMBERGER - ICH BITTE UM MILDE IX

Klaus Schamberger

Ich
bitte
um
Milde

Band IX

Schonungslose Tatsachenberichte, sogenannte
Humoresken, Enthüllungen, hammerartige
Erzählungen, teilweise auch im 8-Uhr-Blatt/
Abendzeitung erschienen
Anzeigenentwurf und Gestaltung
von Günter Rezab
Technische Direktion: Klaus Zeilein
erschienen im Sigena-Verlag
Klaus Schamberger
8508 Wendelstein bei Nürnberg
Kastanienstraße 6
ISBN 3-9802391-7-9

© Copyright by Klaus Schamberger
1. Auflage 1992
Veröffentlichungen, auch auszugsweise, nur mit Genehmigung des Verlages
Layout und Technik: Klaus Zeilein
Umschlag: Günter Rezab
Entwurf: Heinz Adolf Böhm
Anzeigengestaltung: Günter Rezab
Druckerei: ADV-Augsburger Druck- und Verlagshaus GmbH, Augsburg
Buchbinderei: Verlagsbuchbinderei H. Klotz GmbH, Augsburg

Aus der Welt der Netzbeschmutzungen:

Wie man eine Metropole wird

Ungefähr täglich dreimal wird in einem der zahlreichen Zimmer des Rathauses ein sogenanntes Image für die Stadt Nürnberg hergestellt. Niemand weiß bisher genau, wer oder was ein Image ist, aber auf jeden Fall wirkt es sich wohltuend, besänftigend, gesundheitsfördernd aus. Ein Image verscheucht dunkel drohende Finanzprobleme, legt sich wie ein Schleier über die Köpfe der Bürger und erweckt den Eindruck, als wenn auf das Rathaus sogar nachts die Sonne scheint.

Ein Image kann auch bei Menschen in Kraft treten. Angenommen ein ausgesprochener Depp erwirbt sich mit Hilfe eines Gutachtens das Image eines beispielhaften, hochintelligenten Menschen, schon ist er über Nacht edel, hilfreich und gescheit und kein Doldi mehr.

Mit einer beeindruckenden, vierzigseitigen, hervorragend und farbig bebilderten Broschüre hat jetzt also die Stadt Nürnberg schon wieder rechtskräftig erwirkt, daß sie das Image einer Weltmetropole besitzt, was uns bekanntlich gerade noch gefehlt hat. Das kurz vorher erarbeitete Image einer Drehscheibe ist seit gestern durch das neue Image hinfällig. Und auch die früher die Stadt versinnbildlichende Bratwurst darf auf Grund des neuen Weltstadt-Erlasses nur noch zum Kotzen oder in der Architektur verwendet werden.

Ein einziges Manko hat das jetzt etwa 325. Image allerdings noch. Und zwar wissen es die Einwohner noch nicht, daß sie seit gestern 11.30 Uhr kraft einer Pressekonferenz im Wirtschaftsreferat Bürger einer Weltstadt sind.

Der zukünftige Weltmann wie auch die Weltfrau aus Lichtenhof, Zabo, Kleinreuth hinter der Veste brütet nach wie vor dumpf in seinem Hinterhof rum und bfobfert, daß er schon seit fünf Jahren eine neue Wohnung sucht. Er ist nicht in der Lage, sich vorzustellen, wie erhaben es ist, im Schatten einer majestätischen Weltmetropole zu leben.

Auch der Südstadt-Mensch, der Knoblauchsland-Bauer oder die Schoppershofer müssen aber begreifen, daß sie sich neuerdings am Nabel der Welt, im Zentrum des Universums befinden. Sie sollen nicht dauernd am Balkon liegen, ein Hefeweizen nach dem anderen in sich dringen lassen und blöd fragen: „Wos gäid denn edzer des miich oo?"

Der frischgebackene Nürnberger Weltstadtbürger braucht hingegen eine geschmeidige Gangart, ein weltännisches Outfit und eine höhere Bildung, die aus Champagner, handgeschnitzten Spargelspitzen und einer umfassenden Gehirnamputation besteht. Tag und Nacht soll er wie ein Papagei die Worte Logistikzentrum, Technologietransfer und Dienstleistungszentrum brabbeln, bis es ihm schon in Fleisch und Blutwurst übergegangen ist.

Die Worte „Schdeich mi endli am Fragg mit dein gschissner Imädsch!", die man immer noch, häufig sogar im Kopfleistungszentrum der Innenstadt, hört, künden nicht von der Weltgewandtheit des neuen Nürnberger Metropolenbewohners.

Wahrscheinlich muß der primitive eingeborene Nürnberger ähnlich wie früher der Indianer, Afrikaner, Ur-Australier oder der Papua erst vollständig abgeschafft werden, bis sich hier endlich eine weltstädtische Zivilisation mit schönen Gewerbeparks, Fabrikparks, Müllparks, Obdachlosenparks und anderen wunderbaren Perspektiven ausbreiten kann.

Trompetensolo einer Stripperin

Der Rentner Eugen R. genießt den Herbst seines Lebens in manchen Nächten so, wie wenn es noch Frühling wäre. Dadurch ist er schon mehrfach mit seinem eigenen Kräftehaushalt in Konflikt gekommen und jetzt auch mit dem Gesetz. In dem Prozeß gegen den Eugen ist es der Gegenpartei in Gestalt der Nachtklub-Tänzerin Karin um neunhundert Mark gegangen.

Dem Eugen wiederum ist es darum gegangen, ob eine Nachtklub-Tänzerin, die einem inneren menschlichen Druck nicht standhalten kann, der knisternden Atmosphäre eines Nachtklubs dient. Es ist nämlich mehr eine knatternde Atmosphäre geworden.

Im trauten Schein eines Kerzenstummels ist der Eugen damals weit nach Mitternacht mit der auch für Tischfeuerwerke aller Art zuständigen Frau Karin ziemlich eng vereint in einer Nische des Nachtlokals gesessen. Er hat auf Grund verschie-

dener Versprechungen eine Flasche Champagner zum günstigen Preis von dreihundert Mark bestellt. Infolge noch besserer Versprechungen hat der Eugen eine halbe Stunde später erneut eine Flasche Champagner bringen lassen. In solchen Situationen verlieren 67jährige Herren leicht den Gesamtüberblick und es ist eine dritte Flasche Champagner gekommen. „Iich bin", sagte der Eugen vor Gericht, „von den Haffdn Franzusn-Schbrudl scho aafblousn gween wäi a Lufdballong. Und nou hodd nern des Frollein zimmli hasdich allans drunken."
Der Eugen wollte die versprochene Liebesnacht nicht verderben und bestellte sich vorsichtshalber ein Kännchen Früchtetee, während die Karin nur einen halben Meter entfernt von ihrem neuen Bräutigam auf der Bühne mit dem Tanzen dran war. Sie hatte sich zu den Klängen aus dem Kassettenrecorder schon fast ganz ausgezogen, das restliche Publikum in Form von zwei halb eingeschlafenen Body-Buildern öffnete je ein Auge und die Karin kam zum Höhepunkt ihrer Striptease-Show. Sie wendete den Zuschauern den Rücken zu und bückte sich ganz tief, wie wenn sie eine Kontaktlinse verloren hätte. „Un in den Momend", sagte der Eugen, „wou iich ganz genau hiigschaud hob, dou lässd die Sau an foohrn, Herr Richder. Kann halm Meeder wech vo mir, daß mer ball in Kubf roogrissn hädd!" Dabei soll sie unten durch die Beine durchgeschaut und gesagt haben: „Endschuldichung Schadzi, des is die Kohlnsäure gween."
Daraufhin ist der Eugen aufgestanden, hat der Chefin hinter der Theke mitgeteilt, daß er jetzt weiß, was ein Strip-Schieß ist, daß er keine müde Mark für so eine Sauerei zahlt und daß er seine Abende in Zukunft lieber auf dem Truppenübungsplatz Grafenwöhr verbringt. Dort herrschen zwar auch starke Explosionen, aber man ist dort wenigstens im Freien. Auch beim Eintreffen der Polizei weigerte sich der stark unter Beschuß stehende Gast, die vom Schützenfest noch ausstehenden neunhundert Mark zu zahlen.
Vorausgesetzt, daß er die drei Flaschen noch nachzahlt, wurde das Verfahren gegen den Eugen wegen Zechbetrug eingestellt.
„Also guud, nou zoohlis hald", sagte er zur Nachtklubinhaberin gewandt, „obber fiir a Schießbuudn hobd ihr ganz schäine Preise."

Im Jet-Bag
bis zur Grenze

Die ordentliche Hauptversammlung eines eingetragenen Vereins mündet nach der Entlastung der Vorstandschaft meistens in eine schwere Belastung der Leber, was im Sitzungsprotokoll unter dem Punkt Verschiedenes zusammengefaßt ist. Unter Verschiedenes verbergen sich unzählige Runden Freibier, kleinere Raufhändel, lallende Kassenprüfer oder Vizepräsidenten, die nach ihrer Wiederwahl eine Maß Fernet Branca auf Ex trinken müssen und kurz vor dem Eintauchen ihres gequälten Kopfes in die Closchüssel noch einen Duft verbreiten wie ein in die dritte Kompostierungsstufe übergehender Kräutergarten.

In diesem Stadium hat der Vizepräsident Herbert O. beschlossen, daß er heimkriecht. Aus diesem an sich weisen Beschluß ist ein Fall für das Amtsgericht geworden. Seine beiden anderen, ebenfalls im Siegesrausch der Wiederwahl befindlichen Vorstandsmitglieder, der Sportwart Helmut F. und der erste Vorsitzende Horst K., haben in Anbetracht der flachen Fortbewegungsart des Stellvertreters den Herbert ins Auto gelegt und ihn heimgefahren.

Nach fünf Minuten ist der Herbert wie durch ein medizinisches Wunder erwacht und hat laut gesungen „Schütt die Sorgen in ein Gläschen Wein, deinen Kummer gib auch mit hinein". Die Fahrt ging von Zerzabelshof in Richtung Südstadt, und in der Höhe der Gibitzenhofstraße hatte der Horst von dem Lied „Schütt die Sorgen in ein Gläschen Wein" schon genug. Er hielt an und sagte zu seinem Sportwart: „Däi bsuffne Sau demmer edzer in mein Dschedd-Bäg nei."

Ein Jet-Bag ist bekanntlich ein sargähnliches Gebilde auf dem Autodach, in dem Ski, Skistöcke, Skistiefel und in Sonderfällen auch schwer betrunkene Vizepräsidenten befördert werden. Es kostete einige Mühe, den etwas widerspenstigen Herbert in das für ihn beinahe maßgeschneiderte Futteral am Autodach zu zwängen. „Ner ja", sagte der Herbert vor Gericht, „in Schweinau hommer nou alle zwaa nu an Dorschd gräichd und sin numol gschwind ins Werzhaus ganger. Und dou is uns nou wos ganz bläids bassierd, Herr Richder. Vuur lauder Dorschd hommer in Herbert vergessn."

Während sich die zwei Vorstandsmitglieder noch die eine oder andere Halbe kauften, ereigneten sich vor dem Wirtshaus geisterhafte Dinge. Ein Zeuge, der in dieser Nacht heimging, konnte sich nur noch mit Entsetzen erinnern: „Iich laaf dou am Gehschdeich und aff amol heeri ganz dumbf vom Himmel roo des Lied 'Schütt die Sorgen in ein Gläschen Wein'. Zeerschd binni dervoo grennd, nou binni widder zrigg, horch aweng in die Häich, und nou heeri, wäi anns brilld 'Ihr Rimbfiecher, lassd mi raus! Hilfe! Iich bin lebendich begroom!' Und nou hobbi die Bollizei oogruufn."

Bei den Nachforschungen der Beamten ertönte aus der Höhe wieder das Lied „Schütt die Sorgen in ein Gläschen Wein" und der als Fahrer des Geisterwagens ermittelte Horst sagte zunächst aus, daß sich in dem Jet-Bag ein Plattenspieler befindet. Beim Öffnen befand sich aber dort der zweite Vorsitzende und verlangte, daß man den Sargdeckel wieder schließt, weil es ihn friert.

Wegen der Trunkenheitsfahrt und dem unbefugten Einsperren eines Vizepräsidenten wurde der erste Vorsitzende zu einem Jahr Führerscheinentzug und 6000 Mark Geldstrafe verurteilt.

Der Wanderpersianer

Kleine Geschenke erhalten die Freundschaft, große Geschenke befinden sich manchmal auf Wanderschaft. Wie man aus dem Fall eines Wander-Persianers ersehen kann, der sich unter der Obhut eines Herrn Siegfried befand. Der gelernte Pleitier betreibt in Nürnbergs Nordstadt eine kleine Kreditnehmerei und war zum Zeitpunkt der vom Staatsanwalt angeklagten Pelzwanderung mit einer Frau Anita, bekannt auch als vierte Siegerin der Schönheitsköniginnenwahl von Schoppershof mit vier Teilnehmerinnen im Jahr 1978, verlobt.

Diese Anita glaubte ans Gute im Menschen und entdeckte es nach längerem Suchen auch bei ihrem Siegfried. Anläßlich ihres Geburtstages ist dieser Siegfried mit einem großen Paket auf der Birthday-Party erschienen. „Allmächd naa, Schadzi", hauchte die Anita beim Auspacken, „des derf ja nedd woohr sei - a echder Berser!" Es handelte sich um einen Persianer, der im Laufe des Abends schwer bewundert und von Kennern auf 20 000 bis 40 000 Mark geschätzt wurde.

Neben den Kennern befand sich unter den Geburtstagsgästen allerdings auch eine Kennerin. Es handelte sich dabei um eine Frau Barbara, die beim Herumreichen des Pelzmantels plötzlich sagte: „Dou is ja mei Bersianer! Wou kummdn der edzer

11

aff aamol her?" „Dou blouß die Griffl wech", äußerte sich die Schönheitskönigin Anita würdevoll, „sunsd haui der deroordich anne aff dein Gimbl, dassd maansd, du bisd inner Dreschmaschiner neikummer!"

Nach einer insgesamt im Rahmen der normalen Höflichkeit bleibenden Debatte, in der die Worte Rumzuuch, Vuuglscheing, Oorschgsichd und Fuchzgerlas-Schnalln eine eher untergeordnete Rolle spielten, erklärte die Barbara, daß es eindeutig ihr Persianer ist, der vor eineinhalb Jahren spurlos aus ihrem Schrank verschwunden war. Und zwar nur wenige Stunden, nachdem sie den Pelzmantel von ihrem damaligen Verlobten zum Geburtstag bekam. „Und wassd, wer mei Verlobbder gween is?", fragte die Barbara die Anita. Und wie es die Anita nicht wußte, aber vielleicht schon ahnte, fuhr sie fort: „Siechfried hodd däi Ober-Dreegsau g'hassn! Und edzer willi mein Bersianer widder, sunsd richdi dei Gsichd her, dassd morng als Deilzeid-Grafd in der Geisderboohn ärwern konnsd. Obber ohne Scheinwerfer, sunsd verkloong di die Fahrgäsd weecher seelischer Grausamkeit!"

Der von seiner Ex-Braut des Wildwechsels angeklagte Siegfried hätte nicht handgreiflich werden sollen. Kurze Zeit später erschien nämlich die von der Barbara alarmierte Polizei auf dem Fest, brachte aber kein Geburtstagsgeschenk, sondern nahm im Gegenteil zwei mit. Den Persianer und den Siegfried. Bei den Ermittlungen stellte sich heraus, daß der Wander-Pelzmantel nicht der Anita, nicht der Barbara und schon gleich gar nicht dem Siegfried gehört. Er befand sich teilweise im Besitz eines Leihhauses, teilweise war er zwei verschiedenen Versicherungsgesellschaften zweimal als gestohlen gemeldet worden. Die Versicherungssumme ist zweimal an einen Herrn Siegfried gegangen.

Infolge verschiedener Vorstrafen ist gesichert, daß sich jetzt der Persianer und sein Herrchen für eine geraume Zeit ausruhen können. Wegen Diebstahls, Versicherungsbetrug, Körperverletzung und Verlobungsschwindel wurde der Siegfried zu neun Monaten ohne verurteilt. „Und den Bersianer", sagte die Ex-Verlobte Barbara nach der Verhandlung zur Ex-Verlobten Anita, „den demmer hald aufdeiln. Du gräigsd die Armlöcher und iich in Resd."

Der tiefere Sinn von Öko-Tonnen

Täglich mindestens einmal werden im Rathaus die Vorzüge des sogenannten ÖPNV lobend erwähnt, also des Öffentlichen Personennahverkehrs. Weniger berühmt ist der NÖPNV, also der Nichtöffentliche Personennahverkehr. Er hat heuer in einer Märznacht vom Samstag auf den Sonntag stattgefunden, und ist auf der Route Maxplatz, Westtorgraben, Johannis verkehrt. Dort ist er zusammengebrochen.

Am Amtsgericht war ein Herr Ludwig angeklagt, der seinen Freund und Weizenbier-Trinker Karl-Heinz widerrechtlich befördert und dann noch widerrechtlicher nicht mehr befördert hat. „Droong hald Sie amol an hamm, Herr Richder", verteidigte sich der Ludwig, „der wou fuchzeha Seidla Weizn gschidd hodd! Der Dschaarly hodd ja nedd amol mehr grabbln kenner!"

Nach einem vergeblichen Versuch, den schwer betäubten Charly auf den Schultern heimzutragen, hatte der Ludwig am Gehsteig eine große Plastiktonne mit zwei Rädern dran entdeckt, die eigentlich für das Sammeln von Altpapier gedacht ist. „Däi Mülldonner hobbi am Buudn hiigleechd", erklärte der Ludwig dem Gericht, „hob in Deggl aafg'haldn und mein Freind neigschuum. Wäi iich däi Donner widder aafgrichd hob, is ganz schäi schwer gween. Dou woorn außern Dschaarly beschdimmd nu zwaa Zendner alde Zeidunger drinner."

13

Am Henkel der Öko-Tonne zog der Ludwig den Freund vom Maxplatz in Richtung Hallertor. Aus dem Inneren der Tonne hörte man manchmal dumpfe Detonationen - ein deutliches Zeichen, daß fünfzehn Halbe Weizenbier ziemlich treiben. „Am Hallerdoor", sagte der Ludwig, „hobbi nou den Condäiner a Värddlschdindla schdäi loun. Wall dou is a Werzhaus. Iich hob in Deggl aafgmachd und zon Dschaarly gsachd, dassi glei widder dou bin. Obber der hodd scho gschloufn. Nou hobbi mer nu a Seidla kaffd."

Es können auch zwei oder noch mehr Seidlein gewesen sein. Weit nach Mitternacht ging der Nichtöffentliche Personennahverkehr erst wieder weiter. Den Berg zum Hallertor hinauf, über den Berg am Westtorgraben, und dann in die Johannisstraße hinein. „Nach däi Schdeichunger dou naaf", erinnerte sich der Ludwig, „dou woori fix und ferddich. Mir is ganz schwazz vuur die Aung gween. Andersch konni mer des nedd ergläärn, daß aff aamol däi Donner nimmer dou wor."

Die Öko-Tonne mit zwei Zentner Zeitungen und dem Charly drin war aber schon noch da. Sie stand mutterseelenalleinmitten auf der Kreuzung der Johannisstraße. Daran erinnerte sich ein als Zeuge geladener Autofahrer noch ganz genau. „Iich foohr dou in Richdung Johannisfriedhuuf", berichtete der, „und nou schdäid middn aff der Schdrass däi Donner. Iich gäih hii und aff aamol gäid der Deggl aaf, a Moo schaud raus und sachd zu mir 'Ludwig, du bläide Sau, lou mi aungblicklich aus den Banzer raus!'." Nach diesen Worten schlüpfte der Karl-Heinz wieder in den Kommandoturm zurück, schloß die Luke und schmetterte das bekannte Bundeswehrlied „. . . dann ist unser Baaaaanzer ein schdählernes Grab." Beim Nahen der Polizeistreife öffnete der Karl-Heinz die Luke wieder und brüllte in die Tiefe der Altpapiertonne „Geschütz ferddich machn zum Abschuß! Die Russn kummer!" Dann ist er mit seinem Plastikpanzer umgefallen.

Wegen Mißbrauch einer Öko-Tonne ist der Ludwig zu einer Geldstrafe von 1200 Mark verurteilt worden. „Godzeidank", sagte der Karl-Heinz danach, „daß mi nedd am andern Fräih die Kehrichdbauern miidgnummer und endsorchd hom. Sunsd hängerdi edzer woorscheins als umweldfreundliches Globabier an meiner Abboddwänd."

Aus der Welt der Wissenschaft:

Die Statistik
als solche

Vom Amt für Durchführungen werden jetzt in der Stadt Erhebungen durchgeführt. Wobei die Erhebungen Moritzberg, Schmausenbuck, Hasenbuck nicht betroffen sind. Es erscheinen städtische Erheber in unserem Haushalt und wollen wissen, ob wir einen Haushalt unser eigen nennen, wie oft wir uns die Zähne putzen, ob wir im Sinne der Bundesseuchenverordnung eventuell was anzumelden haben wie Ratzen, Schnupfen oder Schnepfen.

Unser Haarwuchs wird gegebenenfalls vermessen, Leberwerte ermittelt und nachgeforscht, ob wir heuer schon die australische Hühnerstaupe gehabt haben. Diese Angaben können ohne Gewehr gemacht werden und dienen ausschließlich dem Allgemeinwohl, denn sie schlagen sich später einmal mit einem hörbaren Aufprall im Statistischen Jahrbuch nieder.

Das Statistische Jahrbuch hat für den Bürger einen hohen praktischen Nutzwert. Er kann in ihm ohne weiteres Blumen aller Art pressen oder Seiten entnehmen und daraus statistische Papierschwalben falten. Außer den Seiten kann man dem Werk aber auch noch andere interessante Sachen entnehmen. Wer ahnt zum Beispiel, daß sich in der Stadt derzeit nur noch 1864 Stück Rindvieh befinden, also nicht einmal 0,004 Prozent der Bevölkerung? Ohne das Jahrbuch hätten wir den Rindvieh-Anteil sicherlich wesentlich höher geschätzt.

Äußerst fesselnd ist auch das Kapitel über "Auskünfte und Übernachtungen in gewerblichen Beherbergungsbetrieben nach dem Wohnsitz der Gäste". Dort liegen uns vielfältige Angaben vor, die manchen Bürger äußerst nachdenklich stimmen werden. Etwa, daß sage und schreibe 0,0 Prozent der Übernachtungen in gewerblichen Beherbergungsbetrieben von Gästen aus dem Raum Ozeanien vorgenommen wurden. Die gleiche Anzahl, nämlich 0,0 Prozent Gäste, sind aus Neuseeland angereist. So weiß der Fremdenverkehrsdirektor jetzt schon durch das Statistische Jahrbuch, daß er seine Anstrengungen im Raum Ozeanien und Neuseeland wahrscheinlich noch etwas verstärken muß.

Auch wollten wir wahrscheinlich schon immer einmal wissen, wie hoch unsere Lebenshaltungskosten sind. Ohne Statistisches Jahrbuch blickt der Nürnberger am Monatsende stumm in seinen Geldbeutel und spricht traurig in die Runde: "Kommer wer an Hunderter leiher?" Durch die unermüdliche Statistik ist er hingegen informiert, daß sich etwa Mischbrot, dunkel, um fünf Pfennig verteuert hat, und er kann sich in seiner Haushaltsführung danach richten.

Äußerst hilfreich sind auch die statistisch erfaßten Durchschnittspreise in Gaststätten. Ein Wiener Schnitzel mit Beilagen kostet demnach 12,80 Mark. Sollte ein Gastwirt von uns für ein Wiener Schnitzel versehentlich 32,36 Mark verlangen, können wir ohne weiteres auf den Durchschnittswert des Statistischen Jahrbuchs verweisen. Wir erhalten dann unverzüglich ein durchschnittlich 3,642 Jahre währendes Lokalverbot und unter Umständen eine auf die Waffel. In diesem Zusammenhang interessiert vielleicht noch, daß im Erhebungsjahr 303 Rohheitsdelikte und Straftaten gegen die persönliche Freiheit durchgeführt wurden.

Insgesamt kann man sagen, daß der durchschnittliche Nürnberger unter Berücksichtigung der Neugeborenen 69 Zentimeter groß ist, sich von Mischbrot, dunkel, ernährt, eine Ackerfläche von drei Quadratzentimetern mit 0,2 Rindviechern bewirtschaftet und bei einem durchschnittlichem Halsdurchschnitt von vier Metern nachts auf 4,2 Promille kommt. Dabei lesen annähernd 0,0 Prozent das Statistische Jahrbuch, hundertprozentig.

Aus der Welt der Forschung:

Wir basteln uns eine Volksmeinung

Mancher möchte meinen, daß die Pfannenschmiedsgasse und die angrenzende Königstraße völlig belanglose Fußgänger-Zonenrandgebiete sind, die zu unserer Erbauung in keiner Weise beitragen. Aber weit gefehlt. Dort findet nämlich in Gestalt der Außendienstmitarbeiterinnen eines sogenannten Meinungsforschungsinstitutes das Wichtigste statt, was Nürnberg auf dem Gebiet der Wissenschaft zu bieten hat. Nämlich, wie der Name schon sagt: Die Erforschung der Meinung.
Erst wenn eine Firma von europäischer Tragweite in Nürnberg unsere Meinung erforschen hat lassen, schreitet sie wohlgemut zur Massenproduktion. Die einfache Mehrheit entscheidet zum Beispiel über die Begradigung des Bamberger Hörnchens, über die Geschmacksrichtung von Büroklammern, über die maximale Höhe von Gartenzwergen. Auch wenn Wahlen in Schleswig-Holstein stattfinden, der Kanzler neue Ärmelschoner kaufen will, ein Mikrowellenherd nicht genau weiß, in welcher Farbe er auf dem Markt erscheinen möchte, blickt alles wie gebannt auf die Pfannenschmiedsgasse.
Wir befinden uns dort vielleicht zum Flanieren, Straßen-

musizieren oder Taubenfüttern, plötzlich taucht eine Dame mit einem Forschungsnotizblock vor uns auf und weckt uns aus unseren Träumen mit den Worten: „Endschulding'S biddschenn, mir sin vo der Gesellschafd fiir Monsunforschung! Leiden Sie unter Winden? Hom'S fimbf Minuddn Zeid?!" Und schon sind wir das Zünglein an der Waage, Gebieter über Marktwirtschaft, Produktpaletten und Außenhandel.

Wir können, falls wir eine Mehrheit bilden, über Bonner Waffelexporte befinden, den Beleibtheitsgrad des Bundesohrenministers bestimmen und Magerquark aus dem Supermarkt verbannen. Allerdings müssen wir uns der Bedeutung der Rolle eines Entscheidungsträgers bei der Konsum- und Meinungsforschung noch viel mehr bewußt werden. Wenn uns eine Dame in der Pfannenschmiedsgasse zur Befragung bittet, sollen wir wissen, daß in diesem Moment das Schicksal eines ganzen Volkes in unseren Händen liegt.

Wir kreuzen auf den Fragebögen etwa an, daß wir uns nach Apfelkrapfen mit leichtem Rettichgeschmack sehnen, daß die gerechte Verteilung von Freibier in letzter Zeit zu wünschen übrig läßt, oder daß wir eine drastische Erniedrigung unseres Nettogehaltes begehren. Und schon kurze Zeit später sinnieren Tausende von Computern in dieser Nürnberger Gesellschaft für Immunforschung über unsere Befehle, werten, sortieren, geben die Meinungsumfrage an die zuständigen Stellen weiter oder füttern die Reißwölfe mit anderem Material. Im Falle des Wunsches um Gehaltserniedrigung ist von der Bundesregierung nach einer entsprechenden Meinungsforschung bekanntlich sofort reagiert worden.

Niemand in Europa kann einen Flanellanzug, ein Achselspray oder einen Ministerpräsident verkaufen, ohne daß er vorher über die Nürnberger Gesellschaft für Kostümforschung unsere maßgebliche Meinung eingeholt hat. Ohne Meinungsumfrage ist jegliches Bemühen unweigerlich zum Scheitern verurteilt. So sind Wäscheschrubber, städtische Pferdebahnen, Koks, die Gemeinde Atlantis, neue Lieder von Elvis Presley, Gaslaternen oder Mammut, Saurier und der einäugige Alpenwaran völlig von der Bildfläche verschwunden, weil über sie in der Pfannenschmiedsgasse in Nürnberg keinerlei Meinung gebildet worden ist.

Auch Leguane
haben Durst

Weil sich Kinder in letzter Zeit nicht mehr so gut dressieren lassen, halten sich viele Menschen lieber einen Hund, einen Wellensittich oder einen Goldhamster. Auch indische Kletteraffen, Anacondas und Krokodile sind als Familienangehörige keine Seltenheit mehr. Und wer auf einem Stehempfang mit seinem Zweit-Flamingo erscheint, erregt ebenfalls kaum mehr Aufsehen.

Der Tierliebhaber Johann F. ist anfangs auch nicht aufgefallen, wie er eines Abends mit einer halb geöffneten Sporttasche in einem Gasthaus in Schnepfenreuth erschienen ist und in diese Tasche immer hineingeflüstert hat: „Schäi ruhich Gerch! Bisd doch mei Braver, gell. Nein, Gerch, nichd den Herrn ins Baa zwiggn! Schäi im Daschilein bleiben, gell Gerch!"

Das Mitführen des geheimnisvollen Sporttaschen-Bewohners namens Georg ist aber dann doch ein Fall fürs Amtsgericht geworden. Denn dieser Georg hat auf die Ermahnungen seines Gebieters gepfiffen, und es ist plötzlich vor dem Nachbarn

19

Heinrich R. seinem Bier ein eigenartiges Wesen gehockt mit Krallen an den verschrumpelten Füßen, einem dem Drachen von Furth im Wald sehr ähnlichem Kopf, einem gewaltigen Zackenschwanz und einer langen Zunge.

Diese Zunge hat das Wesen ins Weizenbier vom Heinrich eingetaucht. „Dou braugsd ka Angsd hoom", hat der Johann zu seinem zutiefst erschrockenen Nachbarn gesagt, „der doud nix. Des is nerblouß ein karibischer Dornschwanzleguan. Der will aweng schbilln." Die Hauptnahrung des karibischen Dornschwanzleguan ist anscheinend Weizenbier.

Wie der Leguan Georg zum drittenmal eine Zunge voll aus dem Glas des Herrn Nachbarn genommen hat, ist der Heinrich aus seiner Körperstarre erwacht und hat geschrien: „Wenn die Sau nu aamol in mei Bier neischbodzd, nou hauis gscheid aff die Goschn naaf!" Der Leguanhalter Johann verbat sich das laute Anbrüllen seines Lieblings und sagte: „Horch nedd aff den Doldi, Gerch. Gäih widder schäi in dei Daschilein nei. Mir braung den Rimbfiech sei Bier nedd."

Doch der Georg ging nicht in sein Taschilein, sondern erneut mit seiner Zunge in den Heinrich sein Weizenbier. Es war das letzte Bier im Leben des karibischen Dornschwanzleguan. „Ja simmer denn edzer im Urwald, odder wos?!", brüllte der Heinrich und verabreichte dem Leguan links und rechts zwei Schelln. Der Dornschwanzleguan zischte noch einmal kurz, legte sich flach und es trat kurz danach der Tod ein.

„Iich hob nu Wiederbelebungsversuche gmachd", sagte der Johann in der Verhandlung, „obber es woor scho zerschbeed."

„Mid anner Mund-zu-Mund-Beadmung häsders vielleichd browiern solln", meckerte der Heinrich dazwischen. Worauf der Johann forderte, daß der Leguan-Mörder zu Lebenslänglich ohne Bewährung bestraft werden muß.

Aber weil karibische Dornschwanzleguane entweder in die Karibik gehören oder in ein artgerechtes Terrarium und nicht zur Weizenbierentnahme ins Wirtshaus, wurde der wegen Tiermißhandlung angeklagte Heinrich freigesprochen. „Iich maans aa", kommentierte er das Urteil, „wall es nexdmool kummerd nou a indischer Elefand zu uns an Schdammdisch und sauferd in Nullmommanix mid sein Rüssl es ganze Werzhaus leer."

Der Alleskleber
Walter K.

Der größte Teil der Menschheit ist bekanntlich verblödet. Der kleine, hochintelligente Rest der Weltbevölkerung, von dem diese Behauptung stammt, beherrscht alle Wissensgebiete. Zu diesem erlauchten Kreis der Alleskönner gehört Walter K., der am Radweg des alten Kanals aus Versehen einen Teil seiner Wissensgebiete durcheinandergebracht hat und jetzt wegen fortgesetzter chaotischer Handlungen angeklagt war.

Herr Walter K. ist am Ludwigskanal in der Nähe von Pfeifferhütte beim Meditieren gewesen, als ihn eine Frau Waltraud um Hilfe gebeten hat. „Endschuldichn'S biddschenn", sägte die Waltraud, „iich hob mid mein Fahrrad an Bladdn gfohrn. Kenner Sie sich dou aus?" Bis zu dieser Stunde wußte Walter K. von Fahrrädern nur, daß sie wahrscheinlich zwei Räder haben, und er antwortete: „No des is doch ibberhabbs ka Broblem, Frollein. Des hommer glei."

Er wandte sich mit Inbrunst dem Vorderrad zu, rüttelte an den Speichen und rief beim Anblick des Dynamos aus: „Hommers scho! Des Fläschla reibd am Schlauch, und nou gäid die Lufd raus. Des mous wech!" Daraufhin sagte die Waltraud, daß eigentlich mehr das Hinterrad platt ist, daß das kleine Fläschchen an der Gabel der Stromerzeugung dient und daß sie sich lieber an jemand anders um Hilfe wendet. „Wossi amol oogfangd hob", beschwichtigte der Walter die Radlerin, „des werd ferddi gmachd. Weecher den bissla Bladdn dou - des wär doch gelacht. Geem'S mer amol a Beißzanger!"

Nach nicht ganz einer Stunde war das Hinterrad entfernt, die Kette gerissen, die Viergangschaltung irgendwie verbogen, und beim Aufbeißen der Tube mit dem Vulkanisiermittel hat sich der Walter eine Plombe am Eckzahn ausgerissen. „Edz kummi scho allaans zreechd", flehte die Waltraud. Aber der Walter war mit seiner Kunst noch nicht am Ende. Er erinnerte sich dunkel, daß man zur Ortung des Lochs den Schlauch ins Wasser halten muß.

Infolge einer schlüpfrigen Stelle am Ufer rutschte der Fahrradmechanikermeister aus und das komplette Hinterrad versank in den Fluten des Ludwig-Donau-Main-Kanals. „Edzer mach mer folgendes", sagte der Walter, vollkommen Herr der unübersichtlichen Lage. „Sie nehmer edzer ihr Räädla, denner's am Gebäggschdänder aweng houchheem, und nou schäimsis am Vorderrad hamm."

Womit die Geduld der Waltraud erschöpft war. „Sie saudummer Hamml, Sie saudummer", schrie sie, „häddn'S glei gsachd, daß vo Beruf Rimbfiech sin und bläid wie die Nacht finsder! Fimbf Minuddn gibbi dir Maulaff - und wenn mei Räädla nou nedd dibbdobb in Ordnung is, nou konnsd mi hammdroong!"

„Des werd nedd gäih", erwiderte der Walter, „wall es werd scho finsder. Und iich hob an meiner Gabl kann su an Dünamo droo."

Danach hob der schwer beleidigte Alleswisser das Restrad vom Boden auf und warf es in hohem Bogen zu seinem Vorgänger, dem Hinterrad, in den Kanal. „Edzer konni der aa nemmer helfn", sagte er, „wall mid Wasser-Räder kenni mi wergli nedd aus." Wegen Beleidigung einer Dame und Ertränkens eines Damenfahrrads wurde Walter K. zu einer Geldstrafe von 700 Mark verurteilt. „Schdehe jederzeit zur Verfügung", flötete er beim Verlassen des Amtsgerichts der Waltraud zu, „wennsd widder amol irchndwou a Luuch hosd, odder a Schraum logger is."

Pfifferlingsschlupfer an Chardonnaysauce

Herrschaften, für die Rühreier, Backsteinkäs oder ein Zigeuner-schnitzel mit Bommfritz die Krönung der gastronomischen Kochkunst sind, sollten Restaurants, wo die Zahnstocher aus Elfenbein handgeschnitzt sind und beim Lüpfen des Abort-deckels eine kleine Fuge in A-Dur von Bach ertönt, lieber meiden.

Ein Herr Walter K. und sein Nachtlebensgefährte Kurt S. haben von den makrobiotischen Gefahren eines Restaurants der gehobenen Preisklasse keine Ahnung gehabt und sind über schaumige Zuckerschotensüppchen mit Briesperlen in ein Gerichtsverfahren hineingeschlittert. Sie haben über ihre kind-liche Freude beim Entdecken einer Nachspeise namens Pfif-ferlingsschlupfer an roter Chardonnaysauce völlig vergessen, daß diese Pfifferlingsschlupfer in der erhabenen Größe eines

Stecknadelkopfes auch einen majestätischen Preis in Höhe von 38 Mark haben. „Und aweng bsuffn", gab Herr Walter K. vor Gericht zu bedenken, „simmer aa gween, wäi mer in des Werzhaus neigschdolberd sin."

An jenem späten Abend verspürten die beiden Herren einen Hunger, sowie den Drang nach der großen weiten Welt. Als erstes brachte ihnen der Serviermaitre je drei Wachteleier mit Meeresalgen garniert. „Mid denni Gaggerla", erinnerte sich der Walter, „hommer nou am Diisch aweng gschusserd." Anschließend baten sie noch einmal um die Karte, wo neben anderen Essenswürdigkeiten auch das schaumige Zuckerschotensüppchen mit Briesperlen angepriesen wurde. „Horch amol Masder", fragte der Walter den anscheinend in einem Aramisschäumchen frisch gebadeten Maitre, „hobder vielleichd a Läbergniedlasubbn dou? Den Zuckerschlot mid Griesbrei konnsder ans Baa schmiern!"

Nach dieser schweren Beleidigung eines schaumigen Zuckerschotensüppchens mit Briesperlen wollte der Meister die Speisekarte wieder haben und die zwei Grobschmecker des Restaurants verweisen. Sie entdeckten dann aber noch die Pfifferlingsschlupfer an roter Chardonnaysauce und bestellten unter lautem Gelächter sofort dieses wohlklingendeDessert.

„Also Chef", brüllte der Walter durch das mit einer weiteren Person vornehm überfüllte Lokal, „mir gräing edzer zwaamol däi Gelberla in der Underhuusn!" Danach fragte der Kurt ebenfalls sehr laut: „Wou issn dou es Pißtro? Iich hob an gscheidn Drugg aff meine Wachdleier."

Bei der dringenden Bitte, jetzt sofort das Lokal zu verlassen, ergab sich ein kleines Handgemenge, das der Chef des Hauses als üble Prügelei bezeichnete. „Nie im Leem woorn des Schelln, wou mir den Moo geem hom", verteidigte sich der Walter. Und er fuhr fort: „Des woorn hexdens zwei Händchen am Kalbsgfries."

Wegen Beleidigung, Durchquirlen und Pürieren eines Nouvelle-Cuisine-Maitres wurden der Walter und der Kurt zu je 1200 Mark Geldstrafe verurteilt. „Goornedd suu arch houch", sagte der Kurt zum Walter danach, „wall wemmer ba den Zuckerschlot-Doldi wergli gessn häddn, wäärs ja nu vill deirer worn."

Zwangshandschuhe

Zwischen einem Meißner Porzellanpokal und einer Glasvase vom Kerzen-Elsässer zu zwei Mark fünfundachtzig besteht nicht nur ein preislicher Unterschied. Auch die jeweilige Schmerzgrenze zwischen diesen beiden Keramik-Kunstgegenständen weist erhebliche Differenzen auf. Der wegen seiner zahlreichen Lokalverbote auch Altstadt-Exilkönig genannte Horst F. hat die Diskrepanz zwischen Meißen und Massenware während eines kleinen Bierseminars von fünfzehn Pils in einem von ihm bis dahin noch nicht heimgesuchten Wirtshaus vorgeführt. Vor dem Amtsgericht hat er seine Unschuld beteuert und um Aufhebung des auch dort verhängten Lokalverbots gefordert.

Dieser nur im Delirium extremens ausfällig reagierende Herr hat an einem melancholischen Feierabend mit seiner Hongkong-Rolex gespielt und sie dabei aus Versehen in die am Tisch befindliche Vase gleiten lassen. Statt die Plastik-Maiglöckchen herauszunehmen und die Vase auf den Kopf zu stellen, hat der schon schwer eingeweichte Horst mit der Hand in das Gefäß gelangt, um seine Rolex herauszufischen. „Und nou", sagte er jetzt vor Gericht, „hobbi aff aamol mei Händ nemmer raus brachd aus dera Scheiß Blummerwaasn. Iich hob oozuung wäi bläid, obber mei Händ is drinner bliim. Nou is der Doldi vonnern Wird kummer, hodd vonnern andern Diisch numol a Blummerwaasn brachd und hodd gsachd: 'Da, wenns di frierd, zäich dein andern Handschuh aa nu oo'."

Über diesen kleinen Scherz des Gastwirts Roland N. hat der Horst nicht besonders lachen können. Er hat die Vase an seiner Hand auf den Tisch hauen wollen. „ Momend amol", hat der Wirt gebrüllt, „mach kann Gwadsch! Des is mei besds Schdiggla dou herinna. Des is Meißner Bozzellan. Däi Blummerwaasn kosd goud und gern ihre zwaadausnd Märgla! Warddner, iich helf der dei Händ rauszäing." Der Roland hat es mit Seife probiert, mit kaltem Wasser und mit zwei anderen Gästen, von denen der eine am Horst gezogen hat und der andere an der Meißner Porzellanvase. Zwischendurch ist dem Mann mit der Vasenhand ein Pils eingeflößt worden.

Dann hat der Wirt die Sanitäter angerufen. „Mir mäin", hat er außerdem befohlen, „dem Moo Eisschdiggla eiflöößn. Nou gäid die Schwellung zrigg, und er kummd vielleichd widder raus." Der Horst hat sich die Eisstückchen mit Wisky in den Mund gießen lassen. Die Schwellung ist nicht zurückgegangen. Im Ringen um das Entkommen aus der Vase hat der Horst auf der Unterseite des kostbaren Pokals plötzlich die in jeder Beziehung inhaltschwere Inschrift gelesen: „Seltmann Weiden". „Du maansd gwiss", schrie der Horst im gleichen Augenblick, „iich bin in Depp sei Schbion! Wenn des a Meißner Bozzellan is, nou is mei Abboddschissl derhamm ausm Germanischen Museum!" Und schon zertrümmerte er die Vase auf dem Kopf vom Roland.

Ob Meißen oder Weiden spielte rechtlich keine Rolle. Der Horst wurde wegen der amboßartigen Inbetriebnahme einer Blumenvase zu einer Geldstrafe von 1800 Mark verurteilt. „Wennsd widder amol a Blummerwaasn oozäigsd", sagte der Wirt danach noch zu seinem ehemaligen Gast, „nou häddi derhamm nu wos Bassendes für dein Gniidlaskubf - an Nachdhoofn von Rosenthal."

Aus der Welt des Autos:

Brüder zur Sonne, zur Bodenfreiheit

Der Frühling hat begonnen, der jetzt wieder über den Fluren sein breites Band sowie die sogenannten Off-Road-Autos ausbreitet. Überall lesen wir, daß derzeit nichts dringender, wichtiger, wünschenswerter ist als ein Off-Road-Auto.

Beim Off-Road handelt es sich, wie jeder weiß, um Geländewagen mit Traktorreifen, 130 PS und jenem wohltuenden Four-Wheel-Antrieb, mit dem man mühelos jede Kletterwand in der Fränkischen Schweiz erklimmen kann. Der Off-Roader genießt dort im einsamen Fels zusammen mit seinem Zentraldifferential und Edelstahlschutzbügeln eine durch nichts gestörte, fast paradisische Ruhe. Denn an diesen Felsen ist das herkömmliche Klettern aus Gründen des Naturschutzes inzwischen strengstens untersagt.

Auch sonst werden diese Off-Road-Wagen mit zunehmender Verkehrsdichte auf der Autobahn Nürnberg - Hof immer wichtiger. Mit unserem Rover, Discoverer, Cherokee, Samurai, Patrol-Station, Grand Tourer oder Panzerspähwagen bügeln wir zum Beispiel beim berühmten Hienberg-Stau die Freud- und Leitplanke nieder, schalten das Allradgetriebe und die

Gummisaugnapf-Reifenhaftung ein und durchpflügen schon vollkommen frei und losgelöst von jeglichem Asphalt majestätisch die schönsten Off-Road-Reviere Frankens.

Da für den Bau von Eisenbahnen, S-Bahnen, Straßenbahnen, U-Bahnen und anderen vorsintflutlichen Verkehrsmitteln bekanntlich kein Geld mehr da ist, kann selbstverständlich auch für die örtlichen Naturschutzpolitiker das magische Lösungswort für die Zukunft nur lauten: Off-Road. Also weg von der Straße, die wir dringend für Lastkraftwagen und Manöverkolonnen benötigen.

Der Wald-und-Wiesen-Roadster überwindet mühelos jeden Misthaufen, im Weg stehende Eichen, Buchen oder Rehlein sind für ihn kein Hindernis, er ist das halogenleuchtende Sinnbild für die menschliche Freiheit, beziehungsweise Bodenfreiheit.

Der Off-Road bewältigt auch kleinste Pfade und Steige, und man kann dadurch in den entlegensten Winkeln unseres unendlichen fränkischen Landes beobachten, wie Jeeps und andere Four-Wheelmäuse durch das enge, geschlängelte Tal der Trubach wandern, den Ostgipfel des Walberla besteigen, oder sich mit ihrer elektronisch gesteuerten Seilwinde vom Hohenstein runterlassen. Einer der letzten Fußwanderer ruft ihnen ein bergkameradschaftliches "Dreegsau, gschbridzde!" zu und entschwindet schon in den an Caspar-David Friedrich gemahnenden Nebelfetzen des Chromstahl-Auspuffs, der zum Abschied wie ein Hirsch in der Herbstbrunft röhrt.

Der geübte Off-Roader bringt in der Abenddämmerung am Waldweg vielleicht noch drei, vier Mountain-Biker zur Strecke, gräbt sich mit dem zum Equipment gehörenden Klappspaten eine kleine Ölwechsel-Mulde auf einer abgelegenen Lichtung und schreitet unter Zuhilfenahme des Turbolader-Beschleunigers über Äcker, Bächlein und eigens für Geländefahrer eingerichtete Naturschutzgebiete zügig und overdrivemäßig heimwärts.

Dadurch, daß für viele Geländewagen Steigungen von 45 Grad keinerlei Hindernis bilden, kann der allradgetriebene Naturfreund dann sogar das ganze Treppenhaus hinauf bis in seine Wohnung im vierten Stock driven. Und seiner Frau Gemahlin zurufen: Veronika, der Benz ist da!

Aus der Welt der alten Männer:

Fünfzig
und was dann?

Frauen über fünfzig sind bekanntlich achtunddreißig, während Männer sich zu dem Zeitpunkt in der in den USA erfundenen Midlife-Crisis befinden. Viele Wissenschaftler haben sich mit dieser schweren Krise und ihrer äußerst schwierigen Bewältigung befaßt und tausende von hochinteressanten Werke geschrieben.

Durch die dabei entstandenen Honorare und Tantiemen verbringen diese Herren ihr Leben jetzt mit einigen jungen Damen auf den Inseln Samoa, Tasmania und Hawaii und haben so die Midlife-Crisis schon einigermaßen im Griff. Wir hingegen, die von höherer Psychoanalyse, Wechseljahren und Wechselkurs keinerlei Ahnung haben, müssen mit unserer Krise auf der Insel Schütt und Umgebung fertig werden.

Gemäß den schon erwähnten Standardwerken („Gibt es ein Leben jenseits des Kindergartenalters?", „Die Kalkplage" oder „Über allen Wipfeln ist Ruh") geht man zum Beispiel an einem Freitagabend wohlgemut und ahnungslos ins Bett und erwacht früh mit einem unbestimmten Schädelbrummen, der von da an uns stets treu begleitenden Midlife-Crisis. Einige Zähne wackeln, das Hirn schwindet, man fühlt eine ungewisse Sehnsucht nach einem Schluck Lebertran in sich aufsteigen, die Augen sind irgendwie matt und bei einem prüfenden Blick in den Hormonspiegel können wir fast nichts mehr erkennen.

Dumpf erinnern wir uns, daß wir in früheren Jahren häufig die Nacht zum Tag gemacht haben, während wir jetzt bereits nach höchstens vierzehn bis fünfzehn Seidlein irgendwie müde werden und dringend schon früh um halbsechs aus dem Wirtshaus heimeilen wollen. Obwohl unser Gastwirt sagt, daß wir jetzt auch schon dableiben können, weil er sowieso gleich wieder aufmacht. Um uns herrscht eine Dauerdämmerung.

Die Kukident-Reklame im Fernsehen, die uns früher nur ein müdes Lächeln abgerungen hat, zeichnen wir mit dem Videorecorder auf. Die restlichen Tage verbringen wir beim Augenarzt, Zahnarzt, Hals-, Nasen- und Ohrenarzt und Herrenarzt. Pro Woche entdecken wir in unserem dahinsiechenden Körper etwa vierzig neue Krankheiten, von denen sich die Wissenschaft noch gar nichts träumen läßt.

In der U-Bahn bietet uns eine ältere Dame mit den Worten „Gäih, verschnauf di aweng, Groußvadder" ihren Sitzplatz an. Eine Bedienung im Gasthaus schreit uns mit 120 Dezibel ins Ohr: „Mir embfehlen Ihnen haid besonders unsern Senioren-Deller! Griesbrei mid Schdobfer und an Schobbn Tai Ginseng!" Wir erhalten plötzlich Briefe von mündelsicheren Testamentsvollstreckern, von Vertretern für Hörrohre und Gichtdecken, bei einem Einstellungsgespräch wird von uns eine Urinprobe in doppelter Ausfertigung verlangt und ein Immobilienmakler kündigt uns seinen Besuch an. Er hat noch einige Grundstücke von jeweils fünf Quadratmetern mit Blick auf die Nürnberger Kanalisation am Johannisfriedhof im Angebot.

Keine Frage, heuer hat der Spätherbst schon Mitte März seinen Einzug gehalten. Und bang stellen wir unserem Geriatrie-Therapeuten die Frage: Was kommt nach Fünfzig? Er zählt kurz durch und antwortet honorarpflichtig: „Wenn nix derzwischn kummd, woohrscheins Aanerfuchzg." Müde schlurfen wir den Burgberg hinunter, es geht abwärts.

Helmpflicht
bei der Liebe

Bekanntlich sind Gewerbeflächen in dieser Stadt ein Anliegen von äußerster Dringlichkeit. Die Hannelore hat für ihr Gewerbe eine Fläche von zirka drei Quadratmetern ausgewiesen, und auch dort in diesem VW-Bus herrscht häufig eine gewisse Dringlichkeit. Im Flächennutzungsplan der Hannelore fallen pro Freier durchschnittlich 50 Mark an. Die mit Decken und Sofakissen ausgelegte Gewerbefläche hat wie viele Flächen einen Nachteil, sie ist nicht sehr hoch.

Einem gewissen Egon ist dort während der Ausübung des Gewerbes die Decke auf den Kopf gefallen, so daß dieser Vorgang unter der juristischen Terminologie Beischlafdiebstahl am Amtsgericht behandelt werden mußte. „Des woor suu", sagte der Zeuge Egon, „daß iich ba den Frollein am Audo gfrouchd hob, wos kosd. Und nou hodds gsachd a Geld kosdds. Und wäi iich gfrouchd hob, ob a Zwanzger langd, nou hodds gschriea 'Für an Zwanzger, dou gäisd hinders Audo, dou is a Ausbuff'."

Schmutzig machen wollte sich der Egon nicht und entschloß sich zur Zahlung von 50 Mark. Er überreichte der Hannelore angeblich einen Fünfhundert-Mark-Schein, bat um die Rückgabe von 450 Mark und betrat das ambulante Lotterzimmer. „Und wäi iich dann grood suu driiber woor über mein Gschäfd", erinnerte sich der Egon, „haud mir aff aamol anner middern schwern Geengschdand vo hindn am Kuubf naaf, dassi ohnmächdich gween bin." Anstelle einer tiefen Befriedigung hatte dieser Herr beim Erwachen im Wald eine schwere Gehirnerschütterung, sowie überhaupt kein Geld mehr. Gemäß den Schilderungen der Hannelore war es aber ganz anders. Bereits beim Eintreten in die niedere Gewerbefläche soll sich der Egon am Dach des VW-Busses den Kopf derartig angehaut haben, daß er um eine kurze Verschnaufpause und einen Kognak bat. Zeit ist Geld, und so mußte der Liegewagen-Freier noch fünfzig Mark drauflegen. „Und wäi mer nocherdla endli suuweid gween sin, daß mer oofanger kenner", sagte die Hannelore aus, „dou soochi nu zu den Moo, gib fei obachd, hobbi gsachd, und hubf nedd suu houch, nedd dassder widder in Kubf oohausd."

In seiner Extase muß der Egon diesen Ratschlag anscheinend nicht beachtet haben. „Der Doldi", rekonstruierte die Hannelore das Ende der Liebesbeziehungen, „der Doldi machd aff aamol einen Schnalzerer und rumbld middn Kubf genau an die Kandn vo der Innenbeleuchdung hii. Des hodd einen Schlooch dou, Herr Richder, dassi gmaand hob, mei Audo grachd zamm. Und nou hodder die Aung verdreed und is aff mir draff gleeng. Der hodd kann Zuggerer mehr gmachd."

Der Amtsarzt hatte bestätigt, daß die Kante der Innenbeleuchtung genau in die Kopfwunde vom Egon paßt. Das Gericht schloß sich folglich der Auffassung an, daß es der Egon mit der Sprungkraft übertrieben hat. Seine allgemeinen finanziellen Verhältnisse sprachen dafür, daß er an jenem Nachmittag vermutlich keinen Fünfhundert-Mark-Schein im Portemonnaie hatte, und die Hannelore wurde freigesprochen. „Lou di hald widder amol seeng", sagte sie nach der Verhandlung zu ihrem Hochspringer. „Jawoll", sagte der Egon, „obber nou bringi an Schdurzhelm miid."

Ein äußerst geheimer Geheimtip

Um die Nerven zu erholen, die unter der Woche mehrfach geknickte Seele wieder aufzurichten und zur allgemeinen Familienzusammenführung, pflegen Väter am Sonntag vormittag häufig den gemeinsamen Besuch in einem idyllischen Wirtshaus zu befehlen. Meist dreht es sich bei diesem Wirtshaus um einen streng geheimen Geheimtip, so daß dort mittags um halbeins zweihundert ausgehungerte Gäste um fünf Sitzplätze und drei ausgemergelte Schweinebraten kämpfen.

Der Nürnberger Vermögensberater Walter G. hat seine Familie - bestehend aus einer Ehefrau, einem Sohn, den Schwiegereltern und einem 85jährigen Erbonkel - in so eine Oase der Ruhe, der Beschaulichkeit und der rohen Klöße von der Größe eines Medizinballs gebracht. Es hat mit Verbrennungen zweiten Grades und einer leichten Gehirnerschütterung geendet und ist in die Annalen des Nürnberger Amtsgerichts eingegangen.

Wie die Familie G. dort am Sonntag mittag zum Essen Platz nehmen hat wollen, ist es schon zu ersten Maulereien gekommen. „Des häddi vuurher wissn solln", sagte der Erbonkel nach einer halben Stunde Wartezeit im Gang des Wirtshauses, „daß du uns zu an Schdeh-Embfang eigloodn hosd. Nou häddi mer an Camping-Schduhl miidgnummer."

Die Stimmung wurde jedoch sofort wieder besser, als Walter G. nach einer weiteren halben Stunde einen Tisch ausgekundschaftet hatte, wo die Herrschaften anscheinend schon gleich zahlen. „Iich gäih awall nei", benachrichtigte er seine der vollkommenen Verzweiflung nahen Familie, „und beleech die Blädz. Iich schrei Eich, wenns suweid is." Nach zehn Minuten schrie der Walter durch das halb geöffnete Fenster der Durchreiche in den Gang hinaus: „Hald Eich bereid, es koo nemmer lang dauern. Der Moo hodd scho fasd ka Fleisch mehr am Deller. Glei werns zoohln.""Fünf Minuten später hörte man es durch den Gang brüllen: „Ferdi machn zum Hiihoggn! Die Frau lässd si in Resd vo ihrn Gnechla eiwiggln. Bagg mers!" Sekunden später vernahm die erstaunte Familie eine völlig fremdartige Stimme aus der Gaststube: „Wennsd du Doldi edzer nedd sofodd hinder mir verschwindsd und mid den Gschrei aafheersd, nou werri der aa wos eiwiggln! Iich will mein Rouh bam Essn. Herr Ober, nu a Kännla Kaffee und vier Abflkichla!" Ungerührt von der Bestellung des Nachtischs machte der Walter mit der Live-Reportage über den Fortgang eines Mittagessens weiter: „Hängd scho awall die Mändl an die Gadrob! Edzer gräichder nerblous nu Abflkichla, obber er zoohld scho glei." „An Scheißdreeg zoohl iich", antwortete daraufhin Herr Willy K., der sich unter der ständigen Beobachtung nicht mehr sehr wohl fühlte, „iich bleib dou suu lang hoggn, wäis mer gfälld. Dou konnsd warddn, bisd schwarz wersd!"

Dann hörte man ein Klirren, ein Zischen, einen dumpfen Aufschrei. Der Willy hatte dem hinter ihm stehenden Walter den Teller mit den Apfelküchlein über den Kopf geschüttet und mit einem Kännchen Kaffee nachgegossen. „Edzer schausd, dassd abhausd", sagte er, setzte sich wieder hin und bat den Kellner: „Bringer'S mer numol a Kännla Kaffee und vier Abflkichla."

Herr Willy K. wurde wegen des Mißbrauchs von vier Apfelküchlein und einer Portion Kaffee in Tateinheit mit Körperverletzung zu einer Geldstrafe von 1400 Mark verurteilt. Herr Walter G. meidet schon seit längerem Sonntagsausflüge zum Mittagessen in einem Geheimtip-Gasthaus mit der erweiterten Familie.

In der
Mitraucher-Zentrale

Bekanntlich ist am Ozonloch, am Abschmelzen der Pole, am Waldsterben und am Nitratgehalt der Erde in erster Linie der Kettenraucher schuld. Er bläst seine verderbenbringenden Lungenzüge in die Luft und schon fallen die Vögel tot vom Ast und wälzen sich Springfluten über das Land.

Einige heimliche Raucher gibt es noch. Zu ihnen gehört der Zirndorfer Nebenerwerbstrinker Walter S., der im Wirtshaus zum Bier manchmal blescht, daß um ihn herum eine Sichtweite von unter fünfzig Millimetern herrscht. „Horng'S amol", hatte ihn an einem Sonntag mittag ein bis dahin unbekannter Wirtshausgast gefragt, „wos Sie dou raung - sin des Neblkerzzn?" Das Gespräch endete dann schließlich vor dem Amtsgericht.

Die erste Frage des Tischnachbarn hatte der Walter damit beantwortet, daß er an dem höchstens noch drei Millimeter langen Zigarettenstummel erneut eine Roth Händle ohne Filter entzündete, einen tiefen Zug nahm und den Rauch seinem Gegenüber ins Gesicht hauchte. Als der Kopf wieder aus den Schwaden auftauchte, sagte dieser Herr sehr laut: „Hom Sie scho amol wos dervoo g'heerd, daß Bassiv-Raung nu vill gfährlicher is wäi Aggdiv-Raung?" Der Walter nahm wieder einen tiefen Zug etwa bis in die peripheren Zonen der großen Zehe und antwortete: „Hobbi nunni g'heerd. Obber wenn des asuu is, nou rauchi doch läiber aggdiv wäi bassiv, odder?"

Unter einem schweren Hustenanfall keuchte der Nachbar: „Machn'S edzer Ihr Kibbn aus, sunsd hulli die Bollizei!" „Weecher mir hulln'S die Feierwehr", erwiderte der Aktiv-Raucher Walter S., „odder in Kaddasdroofn-Schudz. Des is mir worschd. Des isser öffndligs Werzhaus, und dou rauch iich suu lang, bis mer der Gwalm zu die Ohrn rauskummd."

Vor lauter Aufregung rauchte der Walter nach dieser Rede an drei Stellen gleichzeitig. Eine Zigarette schwelte im Aschenbecher, eine hatte er in der Hand und eine im Mund. „Edzer", bemerkte der Herr Nachbar, „edzer wennsder nu an Schdumbn in Oorsch neischdeggsd, nou konnsdi als graicherder Schinkn zon Englbrechd ins Schaufensder neischdelln.""Anschließend löschte er mit einem gezielten Spritzer Bier erst den Brandherd im Aschenbecher, dann die Zigarette in der Hand vom Walter und danach entriß er ihm noch den Brennstab im Mund. „Edzer is Schluß mid dera Dambferei", brüllte er, „mir sin doch dou nedd in der Midraucherzendrale! Meinerdweeng hoggsdi mid deine Raicherschdäbla als Schlood affs Dach naaf!"

Mit diesen Worten war die Geduld des Gewohnheitsrauchers Walter S. erschöpft. Er erhob sich und revanchierte sich bei seinem Gegenüber für die gesundheitspolitischen Beratungen mit zwei auch nicht gerade gesunden Ohrfeigen. „Aweng a Dolleranz", sagte er am Gericht, „kommer doch verlanger, odder nedd?" Dieser Ansicht wollte sich das Gericht nicht anschließen und verurteilte den Walter zu einer Geldstrafe von 950 Mark.

Der entblößte Personalausweis

Wie man aus der Weltgeschichte weiß, haben kleine Ursachen oft große Wirkungen. Aus einer undeutlichen Aussprache entwickelt sich ein Mißverständnis, Verwechslungen gesellen sich hinzu, und schon bricht eine Völkerwanderung oder der Zerfall des weströmischen Reiches aus. Aus einer ganz kleinen Ursache, nämlich der Verwechslung von rot und grün, ist jetzt der sittliche Zerfall des Versicherungsvertreters Alfred H. entstanden.

Er ist durch die tiefstehende Sonne und nicht etwa acht Bier geblendet gewesen und hat dadurch den Fußgängerüberweg am Hallplatz irrtümlich bei Rot überschritten. Die Autofahrerin Grete S. hat bremsen müssen, daß sie ins Schleudern gekommen ist. Um ein Haar hätte sie sich zusammen mit ihrem Auto im Schaufenster eines dort ansässigen Foto-Geschäftes befunden.

Vor Gericht sagte sie jetzt aus, daß sie den Irrläufer Alfred H. trotz ihrer Aufregung in wohlgesetzten Worten gebeten hätte, er soll sich ausweisen und für den Blechschaden am Auto aufkommen. Die Worte haben gelautet: „Sie Rimbfiech, Sie saudumms! Hom Sie gwiss kanne Aung im Kubf?" Darauf entgegnete der Alfred: „Vielleichd mehr wäi Sie." Dann fügte er noch hinzu: „Wennsd zer bläid zon Audofoohrn bisd, nou dauschd dein Führerschein geecher an Waffenschein und leffsd zer Fouß mid deine Säblbaaner!"

Das höfliche Gespräch wurde dann auf amtlicher Ebene fortgeführt, denn es fand sich nach einigen Minuten die Staatsgewalt gleich doppelt ein in Form eines Polizeibeamten und einer Politesse. „Iich bin", erläuterte denen der Alfred, „ganz normool ba Grün über die Ambl ganger. Und nou kummd däi Schnebfn dou mid ihrn Zuhälder-Omnibus derherbledderd, dassi grood nu hinder däi Säuln hubfn hob kenner. Nehmer'S däi Frau fesd, däi is hochgroodich bsuffn."

Wie der Alfred aber merkte, daß sich die Ermittlungen auf seine Person konzentrierten, richtete sich seine Abneigung mehr gegen die Staatsgewalt. „Also guud", sagte er zu der Politesse, „nou nehmer'S hald meine Bersonalien aaf."

Bei diesen Worten zog er plötzlich seine Hose herunter, und es blickte der erstaunten Politesse ein entblößter Hintern ins Gesicht. Auf die Frage, was das soll, antwortete der Alfred: „Schauer'S hald genau hii! In der Underhuusn hodd mei Frau mein Noomer neignähd."

Daraufhin drehte er sich um und konfrontierte die Polizistin mit seiner ebenfalls vollkommen freigelegten Vorderseite. Unter großem Beifall der zahlreich versammelten Zuschauer bemerkte er dazu: „Und wenn'S mer an Schdrafzeddl schreim, nou kenner'S mern dou under mein glann Scheimwischer glemmer. Obber geem'S obachd, dou is a Schbridzanlooch aa eibaud." Daraufhin wurde der Alfred festgenommen.

Wegen Beleidigung einer Autofahrerin und einer Politesse, Verkehrsgefährdung und Drohens mit einer Scheibenspritzanlage wurde der Alfred jetzt zu drei Monaten mit Bewährung und einer Geldbuße von 2000 Mark verurteilt. Und alles nur wegen der Verwechslung von Rot und Grün.

Aus der Welt der Hochgeschwindigkeit:

Da geht die Post ab

Zur Zeit wälzen wir uns wieder nachts unruhig im Bett und sinnieren schwer darüber, in welcher Form wir heuer die Weihnachtsgrüße an unsere Erbtante, an Bekannte, Unbekannte, an sehr geehrte Geschäftsfreunde und uns nahestehende Kreditinstitute abfassen. Sollen wir was von einem besinnlichen Fest in dieser so rastlosen Zeit faseln, sollen wir für unsere Christmas-Greetings das immer wieder gute Thema der Geborgenheit im Schoß des Papstes aufgreifen oder lieber doch knapp und kurz schreiben: Zum Feste das Beste?

Wer sich solche eher literarischen Gedanken macht, ist aber besser beraten, sich vorab schon einmal zu überlegen, für welches Feste er das Beste entbieten möchte. Für das Weihnachtsfest 1992, 1993 oder 1994. Am besten stehen derzeit die Chancen für eine Weihnachtspostkarte, die im Jahr 1995 ankommen soll. Es hängt damit zusammen, daß jetzt auch in Nürnberg ein computergesteuertes Groß-Postamt errichtet worden ist. Dadurch konnten die allgemeinen deutschen Postbeförderungsbedingungen endlich wesentlich verbessert werden.

Ein Herr hat zum Beispiel vor zwölf Jahren einen Eilbrief nach Berlin verschickt. Er hat sich zwölf Jahre in bohrender Ungewißheit befunden, was mit seinem Brief während der Wanderschaft nach Berlin alles passiert sein könnte. Jetzt durch den neuen Post-Computer hat er nach dem Ausfüllen einiger vierseitiger Dreifach-Formulare präzise von einem höheren Beamten des postalischen Suchdienstes erfahren: „Der Brief werd woohrscheins irchndwou verschwundn sei." Dieser Herr hat jetzt Gewißheit und kann seinen Brief an einen alten Freund, der vor zehn Jahren verschieden ist, in aller Ruhe noch einmal schreiben.

Wohltuend wirkt sich die Gelassenheit der Post auch auf Einladungen, Empfänge, Grußwortfeste und Partys aus. Früher ist bei solchen Feiern meist ein großes Gedränge gewesen, das Freibier ist frühzeitig ausgegangen, Durst hat um sich gegriffen. Jetzt verschickt ein Gastgeber frohgemut 200 Einladungen und ist am Abend der Veranstaltung mit sich, drei Hektolitern Bier, 100 Flaschen Volkacher Ratsherr und unzähligen belegten Brötchen allein. Er kann im Überfluß schwelgen, denn keiner der Gäste ist von der mit der neuen Post verschickten Einladungen belästigt worden. Viele der Eingeladenen werden im Mai oder Juni des nächsten Jahres erfahren, daß sie am 12. November 1990 zu einem Steh-Imbiß mit dem Ministerpräsidenten eingeladen waren. Sie werden sich schriftlich für die Ehre bedanken. Der ehemalige Gastgeber wird dann im August 1999 überrascht, daß man am 12. November 1990 leider nicht kommen können haben wollen wurde. Bei diesem von der Post eingeführten neuen Zeitbegriff handelt es sich um das Futurquamperfekt. Die nachträgliche Absage für eine nicht erhaltene Einladung kostet Strafporto, denn es haben sich inzwischen die Beförderungsgebühren der Post erhöht. Das gilt auch für die Nichtbeförderung.

Erleichtert werden auch die von der Justiz häufig verfolgten Personen aufatmen, denen es bisher nicht gelang, Beweismaterial in irgendeiner Parteispendenaffäre rechtzeitig zu vernichten. Jetzt stecken sie dieses Beweismaterial in ein Kuvert, kleben eine Mark drauf, schmeißen es in einen Briefkasten, und schon ist es für alle Zeiten unauffindbar.

Im neuen Nürnberger Postamt gibt man sich zwar größte Mühe, aber trotz der Unfehlbarkeit des Computers schlüpfen vereinzelt noch Päckchen oder Pakete durch das Erfassungssystem und kämpfen sich durch geheimnisvolle Kanäle bis zum Bestimmungsort durch. Mittels einer kleinen Zusatzgebühr kann man diese Päckchen aber auch als Postwurfsendung deklarieren, worauf sie dann weggeworfen werden. Wo sie der Computer hinschmeißt, bleibt Postgeheimnis. Es ist im Grundgesetz verankert, und man kann sich hundertprozentig drauf verlassen.

Aus der Welt der Kunst:

Wiener Würstchen in Öl auf Leinwand

Keine Jahreszeit eignet sich besser für den stillen, in sich gekehrten Kunstgenuß als der Herbst, und so wendet der Kenner fein ziselierter Aquarelle, expressivistischer Gouachen oder anderer Darstellungsformen des semi-existentiellen So-Seins jeden Abend seine Schritte zu vierzehn bis fünfzehn Vernissagen. Es dreht sich dabei um Kunstverkaufsausstellungen, wo aber auch das Stillen von Hunger, Durst und anderer Sehsüchte nicht zu kurz kommt.

Eine Vernissage pflegt in der Regel mit einem Streichquartett zu beginnen. Und zwar streichen vier dem Künstler nahestehende Damen in Mischtechnik auf hunderte von Baguette-Broten grobe Mettwurst, Landleberwurst, Kalbsleberwurst und Gäseleberpastete. Der ziemlich trockene Elsässer Wein wird auf ganz kleine Gefäße wie Kristallfingerhüte oder Eierbecher verteilt.

Sodann erhebt ein örtlich bekannter Laudator seine Stimme. Wir lauschen seiner Rede, die in den meisten Fällen mit den Worten beginnt: „Ich bin kein großer Redner", womit er allerdings seine Körpergröße von vielleicht 1,55 Meter meint. Nach etwa eineinhalb Stunden Fachvortrag erlischt unser anfängliches Frohlocken, daß es sich um einen kurzen Redner handelt. Dieser Herr erklärt unter anderem dem Künstler, was er mit seinen Bildern sagen will.

Häufig will ein Künstler in seiner Bescheidenheit ja nur sagen, daß ein Bild 1250 Mark kostet. Aber der Redner weiß noch einige interessante Details mehr. An unsere von Durst und Hunger schon taub gewordene Ohren dringen Wortfetzen, die so ähnlich klingen wie vehementative Ausdruckssenergie, kinetisch-dynamischer Paralellismus oder die in sich geschlossene Mental-Psychophyse. Ein Herr neben uns murmelt verwirrt: „Wenn der edzer nedd ball sei Waffl häld, nou gäih ans kalde Biffee."

Dieses kalte Büffet ist ein wesentlicher Bestandteil einer Vernissage, und birgt in sich ebenfalls vielfältige Möglichkeiten der Darstellung vehementativer Ausdruckskraft. Eine große Kunst ist es zum Beispiel, wenn man in der einen Hand ein Schüsselchen Stadtwurst mit Musik in all seiner wilden Schönheit umfaßt, in der anderen Hand ein ungestüm schäumendes Pils hält, auf dem linken Lackschuh sich gelb-grünlich ein Senf-Bfladschn ausbreitet, wenn man mit dem noch freien Mund aus dem Brusttäschchen des Dinner-Jackets Plastikmesser- und -gabel angeln will - und man gleichzeitig dem Vertreter eines hohen städtischen Amtes zur Begrüßung die Hand schütteln soll. In solchen Fällen der exzessiven Parterre-Akrobatik bleibt einem oft nichts anderes übrig, als den Würdenträger mit einem kräftigen Fußdruck zu begrüßen. Es entspricht zwar nicht den protokollarischen Gepflogenheiten einer Vernissage, aber danach ist garantiert der Senffleck weg.

Vernissagen haben meistens am anderen Tag ein großes Echo, wo die Nürnberger Kunstkenner dann heftig darüber diskutieren, ob das Hümmerchen in Vinaigrette nicht doch eine Nuance zu weich war, die Pate aux herbes zu scharf oder die Trüffel zu lasch. Infolge einer Überdosis Elsässer Pinot Blanc Jahrgang 1948 hat manch ein Sachverständiger auf einer Vernissage schon eine wertvolle Collage auf Presspapier von Oskar Koller um 7500 Mark erworben und hat erst am anderen Morgen entdeckt, daß es sich anscheinend um einen mit Leberkäs gefüllten Papdeckelteller von Hermann Förster handelt.

Kaffeehaus-Leiden

Eine der härtesten Geduldsproben im menschlichen Dasein ist der häufig wie die Ewigkeit anmutende Zustand des Wartens auf eine Kellnerin, wenn man zahlen will. Man lernt dabei nicht nur die Unendlichkeit der Zeit kennen, sondern auch die tiefsten Tiefen der Geduld, wenn man mit einem zerknüllten Zehnmarkschein in der Faust seit einer halben Stunde auf einem Stuhl stehend signalflaggenartig herumfuchtelt und die Bedienung dauernd sagt: „Iich kumm glei."

Der Walter hat sich nach einer solchen Zerreißprobe der Nervenstränge wegen verschiedener Delikte vor Gericht verantworten müssen. Er hat in einem Kaffeehaus in seiner Mittagspause ein Kännchen Kaffe bestellt. Er ist in Eile gewesen. Infolge der Hektik ist der Kaffee, der sich außer in die Tasse auch über die am Tisch liegende Zeitung ergossen hat, zu heiß gewesen. Dadurch hat sich der Walter die Zunge verbrannt. Die Milch ist ihm nach dem Aufbeißen des Plastikdöschens wie eine majestätische Fontäne ins Gesicht gespritzt und aus dem Zuckerspender ist zuerst überhaupt kein Zucker gekommen und nach heftigem Schütteln gleich ein halbes Pfund.

Daraufhin hat der Walter zur Bedienung gesagt: „Bidde zoohln". Die Frau Anni hat ihm einen Putzlappen gebracht. „Iich will mi nedd waschn", sagte der Walter, „iich mecherd zoohln". Seine Geduld war bereits erschöpft, die sechzig Minuten Mittagspause ebenfalls. Er brüllte durch das Kaffeehaus: „Frollein! Wenn'S edzer nedd glei zon Kassiern kummer - nou warddi hald nu aweng." Daraufhin sagte die Bedienung: „ Zoohln machd Friedn - iich kumm glei" und verschwand hinter dem Kuchen-Büffet in der Küche.

Ungefähr zehn Minuten später erschien aus der Küche eine neue Bedienung, die der Walter dann auf Knien flehend anbettelte, daß sie bei ihm ein Kännchen Kaffee kassieren soll. „Iich fang erschd oo", entgegnete sie, „des mäin'S ba meiner Kolleechin zoohln."

Da es sich um ein Kaffeehaus handelte und nicht um ein Hotel Garni mit Übernachtungsmöglichkeit, wollte der Walter nicht mehr länger warten. Er legte sein Geld auf den Tisch und verschwand. „Und edzer", sagte er vor Gericht, „edzer mäinsersi amol vuurschdelln, Herr Richder, wos edzer kummd. Iich bin nu ka halbe Schdund widder in der Ärwerd gween, kummer aff aamol zwaa Bolli und soong, daß mi vernehmer mäin, wall eine Anzeich weecher Zechbedruuch geecher mich vuurlichd. Zeerschd will kanner a Geld vo mir, nou leechis am Diisch hii, und walls woohrscheinli zer bläid sin, daß des Fimbfmargschdiggla findn, dou werd nou eine Derrorisdn-Fahndung geecher diich ausgelöösd."

Zu den Polizisten soll der Walter kurz vor seinem Abtransport gesagt haben: „ Ihr zwaa kennd mi edzer am Oorsch leggn. Obber nacheranander. Nedd daß a Gedränge gibd." Wegen der Verunglimpfung der Staatsgewalt wurde der Walter zu einer Geldstrafe von 1600 Mark verurteilt. Für die mittägliche Kaffeepause nimmt er seit dem kleinen Zwischenfall immer eine Thermosflasche von daheim mit.

Sigi,
der Großspurige

Reichtum ist bekanntlich eine Charaktereigenschaft , die von ihrem Inhaber häufig nach außen getragen wird. In Form einer Rolex, eines Cashmere-Mäntelchens oder eines Zwölf- zylinders. Die Demonstration von Reichtum erzeugt mit Recht Bewunderung, Hochachtung und Hofkickse. Bei einem Herrn Sigfried hat sie zwei Stunden Haft und einen Schlag mit einem altertümlichen Nudelholz erzeugt. Dieser Sigfried ist mit seiner frischlackierten Königin der Nacht namens Gunda in einem Bäckerladen in der Nordstadt erschienen und hat dort anscheinend nachweisen wollen, daß er pulvermäßig zum Kreis der Nürnberger Großmoguln gehört.

Er hat der Bäckersfrau hinter dem Ladentisch befohlen: „Zwaa Mohnweggla, obber frische, gell!" Dann hat er in seinen Hosentresor gegriffen und der Frau Helga auf die Zahlschüssel einen nagelneuen Tausend-Mark-Schein gelegt. „Sechzg

Bfenning gräichi, der Herr", sagte die Helga, und als sie den Tausender erblickte, fügte sie vollkommen ruhig hinzu: „Homsis nedd aweng gräißer?"

Der Sigfried klopfte mit dem Zeigefinger auf den Tausend-Mark-Schein und sagte: „Geem'S mer hald affern Zehner raus." „Aff Ihrn Zehner bfeifi", sagte die Helga, „ und aff Ihrn Dausnder aa. Iich will sechzg Bfenning, odder sie denner die Mohnweggla widder her."

Dann keimte in der tapferen Bäckersfrau ein furchtbarer Verdacht auf. Daß der Tausender vielleicht aus der Druckerei Bruch & Windig stammt, daß der Herr Sigfried ein Schlehmil ist und sein Fräulein Braut ein gefährliches Ablenkungsmanöver. „Zwaa Mohnweggla middern Dausnder zoohln", erläuterte die Helga vor dem Amtsgericht, „dou hosd endweder an Badscher, daß ärcher nemmer gäid, odder es dreed sich um einen Verbrecher."

Die Helga schloß auf Letzteres. Sie verschwand mit dem Tausend-Mark-Schein im Nebenzimmer und wie der Herr Sigfried nach etwa zwanzig Minuten Wartezeit aufs Wechselgeld besorgt um seinen Schein die Tür zum Hinterzimmer vorsichtig öffnete, erhielt er von der dort lauernden Bäckerin mit einem Nudelholz einen Schlag auf die erlauchte Birne.

„Nou hobbi", sagte die Helga, „gleich die Diir vo außn zougschberrd, hob däi Bersianer-Wachdl kambfunfähich gmachd und zon Loodn nausgschmissn. Die Loodndiir abgschberrd und die Bolli oogruufn."

Die auf den Alarmruf „Iich hob an Bankräuber verhafd!" sofort erschienene Polizei stellte fest, daß der Tausend-Mark-Schein echt war, das Nudelholz auch, und daß der Herr Sigfried ein bei vielen Nürnberger Bankinstituten und in der Society hochangesehener Inhaber einer Firma für Bankrotte en gros und en detail ist.

Wegen einer irrtümlichen Festnahme, Mißbrauch eines Nudelholzes und dem Direktflug einer Nürnberger Unternehmersgattin über vier Steintreppen wurde die Helga zu einer Geldstrafe von 1300 Mark verurteilt. „Iich bidde um Endschuldichung", sagte sie danach zu ihrem Häftling, „und beehren Sie mich bald wieder. Sie kenner ohne weideres fiir a Fimbferla Bärndreeg middern Euroschegg zoohln."

Der Mundleuchter

Die Fröhlichkeit, der Humor, der Lachsack, der Mutterwitz
und teilweise auch schon der Vaterwitz sind im Aussterben
begriffen. Nur vereinzelt findet man noch Menschen, die
einem Kollegen den Stuhl unterm Hintern wegziehen, während einer Vertreterbesprechung verträumt Präservative auf-
blasen oder über Fernzündung auf dem Clo einen Kanonenschlag detonieren lassen.
Zu diesen letzten Trägern altfränkischen Frohsinns gehört der
Erwin, der stets einen kleinen Scherz auf den Lippen oder auch
an anderen Körperstellen hat. Er ist nachts mit dem Fahrrad
heimgefahren und hat mangels vorschriftsmäßiger Beleuch-
tung eine Taschenlampe im Mund gehabt.
Am Maxfeld ist er von einer Polizeistreife angehalten worden
und hat auf die Frage des Beamten, warum er keine Beleuch-
tung hat, wahrheitsgemäß geantwortet: „Wangi hang kange

hong!" Es hätte wahrscheinlich heißen sollen: „Walli hald kanne hob." Darauf hat ihm der Polizeiobermeister befohlen, daß er beim Sprechen die Taschenlampe aus dem Mund nehmen soll. „Nong", sagte der Erwin, „hing honger hingder." Wer schon einmal mit einer Taschenlampe im Mund gesprochen hat, weiß, es bedeutet: „Wenn ich die Taschenlampe aus dem Mund nehme, ist es aber finster."

Für die humoristische Einlage nachts um halb zwei hatten die Beamten kein Verständnis. Außerdem hielten sie den Erwin mit einer gewissen Berechtigung für angetrunken. So bat der andere Polizist mit den Worten „Haung'S mi amol oo" um eine amtliche Mundgeruchsprobe. Beim Anhauchen spuckte der Erwin dem Beamten die Taschenlampe ins Antlitz.

Nach einem kleinen Streit beruhigten sich die beiden Beamten aber wieder und rieten dem Herrn mit der Mundbeleuchtung, er soll keinen Zentimeter mehr fahren, sondern heimschieben. Erstens entspricht die Taschenlampe nicht den Verkehrvorschriften, zweitens hat er vermutlich einen leichten Lallinger und drittens fehlt ein rotes Rücklicht. Mit diesen Hinweisen verließen die Polizisten den Erwin wieder.

Keine zehn Minuten später fuhr vor ihnen auf dem Ring in Richtung Bahnhof ein Radler unter Ausnutzung der gesamten Straßenbreite, hatte eine Taschenlampe im Mund und am Gepäckständer eine deutlich sichtbare Leuchtschrift „Halt, Polizei". Es handelte sich um den Erwin, der auf die Frage, wie er sich erlauben könne, die Polizeikelle zu stehlen, vollkommen ruhig antwortete: „Ing hong heng kang, hangi a Hingling hong hous!?" Ohne Taschenlampe im Mund hieß es: „Ihr hobd doch ausdrigglich gsachd, dassi a Rigglichd brauch."

Es war das Ende einer unbeleuchteten Nachtfahrt. Auch am Amtsgericht hatte man für die humoristischen Darbietungen vom Erwin ziemlich viel übrig. Und zwar wegen Diebstahls einer Polizeikelle, Trunkenheit am Fahrrad und undeutlicher Aussprache einen Führerscheinentzug von sechs Monaten und 3000 Mark Geldstrafe. „Alles blouß weecher den bläidn Rigglichd", sagte der Erwin nach der Verhandlung, diesmal ohne Taschenlampe im Mund und ganz deutlich, „nou schdeggi mer hald es nexdmol bam Hammfoohrn die Daschnlambn in Oorsch. Nou konni aa besser middi Bolli blaudern."

52

Aus der
Tiefe der Zehe

Unterhaltungen mit einem völlig fremden Menschen an einem
Wirthaustisch verlaufen häufig sehr schleppend und vom In-
formationsgehalt her unbefriedigend. Es geht über die Beiträ-
ge „An Goudn, gell!", „A Bresdla!", „Nachdfrosd hodder fei
gmeld" oder die nur noch in der Existentialphilosophie vor-
kommende Frage „Simmer aa aweng im Werzhaus?" meist
nicht hinaus.
Bei dem Kurzwarenvertreter Gerhard S. befindet sich der An-
knüpfungspunkt für Wirtshausgespräche aller Art im Schluck-
zentrum des unteren Halsbereiches. Er kann nach zwei Schluck
Bier rülpsen wie eine Gewitterfront und hat so überhaupt keine
Kommunikationsprobleme. Eine seiner letzten donnerartigen
Unterhaltungen hat jetzt vor dem Amtsgericht geklärt werden
müssen.

Mit am Tisch saß damals der Nebenerwerbslehrer Peter S., der infolge eigener Sorgen überhaupt keine Unterhaltung wünschte. Gerhard S. nahm einen tiefen Zug aus dem Glas, blinzelte seinen Nachbarn an, ob er nicht vielleicht doch etwas übers Wetter, die allgemeine Verkehrslage oder über die um sich greifende Parkplatznot in der Innenstadt was wissen möchte und sagte dann in die tiefe Stille hinein: „Wurrrrrch, Ubbsalla!" Bei diesem durch die Kohlensäure im Bier verursachten Aufstoßgebet aus der großen Zehe herauf hätte es infolge der begleitenden Druckwelle Herrn Peter S. beinahe die Brille von der Nase gerissen. Er widersprach dem Trompetensolo mit den Worten „No, horng'S amol!" Und schon fegte über ihn der zweite Rülpser hinweg. „Fräihers", erklärte Gerhard S. danach ruhig, „hobb iich des fei nedd g'hobbd. Mei Doggder hodd gsachd, des kummd vom Moong. Obber iich glaab, des hängd middn Bier zamm."

Wieder dröhnte es nach diesen Worten durch das Gasthaus, wie wenn der Gerhard einen Verstärker im Hals befestigt hat. „Also bidde!", begehrte Peter S. auf, „des kommer doch nedd mid ooheern!" Worauf sein Nachbar ihn beschwichtigte: „Des is ja nu goornix. Haid gäids ja nu. Obber vurche Wochn hobbi amol aafschdoußn mäin, daß anner Frau neeber mir fei schlechd worn is." Gleich darauf detonierte die Kohlensäure erneut. Jetzt trat der still leidende Tischnachbar aus seiner ihm angeborenen Schüchternheit heraus. „Edzer sooch i der amol wos, du Dreegsau", schrie er, „saggsd an schäiner Gruß an dein Doggder. Des hodd middn Moong odder midder Kullnsäure ibberhabbs nix zon dou. Des hängd dou dermid zamm, daß deine Winde hindn naus mecherdn. Obber däi driggds jeedsmool in die verkehrde Richdung, wallsd a Gsichd wäi a Oorsch hosd!" Und zur Untermalung der Diagnose schüttete der Peter dem Gerhard den Rest Bier zusammen mit dem Glas in das kurz vorher so abträglich geschilderte Gesicht.

Wegen Beleidigung und Körperverletzung wurde Peter S. zu einer Geldstrafe von 700 Mark verurteilt. „Sie hom gwiss aweng an Hedscher?" fragte der Peter den Amtsrichter mitten in die Urteilsverkündung hinein. Was ihm zusätzlich hundert Mark Ordnungsstrafe einbrachte.

Aus der Welt der Rassenforschung:

Stummelschwanz im Vormarsch

Heute öffnet wieder die deutsche Rassehundeausstellung zu Nürnberg ihre Pforten und Abermillionen von Menschen sind gespannt, welche kühnen Züchtungen und Kreuzungen den örtlichen Hundeherstellern diesmal wieder gelungen sind. Jetzt in den Frühlingsmonaten ist ja der Schlittenhund weniger gefragt. Auch Polarterrier, Grönlandsetter oder der Transsibirische Tiefkühllanghaar befinden sich bereits auf ihrer Wanderung in die Tierheime. Der Trend geht heuer weiterhin in Richtung Mikropinscher.

Die Entwicklung zum Kleinsthund wurde unter anderem auch durch die plötzlich wieder aufwallende Diskussion um die erhöhten Hinterlassenschaften von unseren Dreibeinern auf Gehsteigen und Liegewiesen begünstigt. Je kleiner der Hund, desto kleiner der Haufen. Aus der Versuchsreihe eines unterfränkischen Niederwildzüchters soll heuer erstmals ein bellender Junikäfer vorgestellt werden. Die Exkremente dieses Prototypen sind mit bloßem Auge kaum mehr zu erkennen. Der belgische Taschenafghane gibt in seiner Neuentwicklung als tiefliegender Korinthenkacker ebenfalls zu Hoffnungen Anlaß, daß man ihn durch ein integriertes Trockenclo nicht mehr Gassi führen muß.

Was gibt es sonst noch Neues auf der bedeutenden Nürnberger

Rassehunde-Schau? Der schottische Hochmoor-Bullterrier trägt in diesem Jahr seinen Stummelschwanz wieder aufrecht, der Island-Beagle kann nach entsprechender Kurzdressur durch zwei Pfoten pfeifen und wird dann möglicherweise in seiner metallic-schwarzen Ausführung als deutscher Schiedsrichterhund Verwendung finden, und der Bayerische Gebirgsschweißhund hat nach einem geglückten Transplantationsversuch einer Dose Achselspray seinen strengen Geruch verloren. Er ist bereits ab Juli in den Geschmacksrichtungen Veilchen, Lavendel oder Leberkäs lieferbar.

Als völlig mißlungen muß allerdings der Versuch eines ostfriesischen Hundefabrikanten bezeichnet werden, der eine neue Schäferhunderasse auf den Markt bringen wollte. Der neuartige Deutsche Schäferhund blökt und wird bisher von den zu bewachenden Schafen aufs Schärfste abgelehnt.

Verbesserungsvorschläge sind von einigen Züchtern für den Rassehund Pembrokeshire Corgi gekommen. Der Pembrokeshire Corki ist ursprünglich eine Kreuzung aus Fledermaus, Känguruh und Bierfilz und erfüllt dadurch in keiner Weise mehr die modernen Schönheitsvorschriften eines Rassehundes. Seine Ohren sind denen des britischen Thronfolgers nachempfunden. Man will ihn jetzt mit dem finnischen Riesenrammler kreuzen.

Neuerungen gibt es auch aus der Welt des Britischen Kampfhundes. Da noch heuer für ihn die Einführung der Waffenscheinpflich zu befürchten ist, bemühen sich auch hier die Züchtervereine um besonders kleine Exemplare. Geplant sind Kampfhunde vom Kaliber neun und sechzehn Millimeter, die dann im Schulterhalfter mitgeführt werden können. Kleinwüchsigen Herrn im nördlichen Deutschland raten wir in den nächsten Monaten zu erhöhter Vorsicht, denn wie wir vom Rassezüchter-Verband am Rande des Ausstellungsgeschehens erfahren haben, soll der Schwanz des Kleinen Münsterländers demnächst kupiert werden. Es kann mit Schmerzen verbunden sein.

Insgesamt kann man nach einem ersten Rundgang durch die Rassehundeausstellung sagen, daß die Welt der Hunde in Bewegung ist und die deutschen Rassezüchter alles fest im Griff haben.

Aus der Welt der Tugenden:

Wir üben Geduld

Stunden, Minuten und Sekunden sind heutzutage dünn gesät. Wie knapp bemessen die Zeit ist, ersehen wir schon daraus, daß es Dobb-Manager-Armbanduhren mit Hundertstel Sekunden gibt. Geduldige Menschen sind also eine Rarität und werden vielfach auch noch schwer mißhandelt, wie etwa in einer Metzgerei.

Der dazugehörige Metzger hinter der Theke fragt in die Tiefe des Raumes: „Wer kummdn droo?" Dadurch, daß wir eine tiefgreifende Geduld haben, schnellen wir nicht sogleich mit erhobenem Zeigefinger und windmühlenartig schlenkernden Armen nach vorn, sondern lassen jener Dame den Vortritt, die von ganz hinten brüllt: „Ach wäärn'S suu goud und geem'S mer gschwind fuchzg Gramm eimbfache Stadtworschd!"

Dieses vielsagende fränkische Wörtchen „gschwind" bedeutet Alarmstufe eins, es mündet meist in eine Zerreißprobe des vegetativen Nervensystems. Nach Übergabe der fünfzig Gramm Stadtwurst fällt das Auge der eiligen Dame nämlich noch auf eine Extrawurst in der Auslage. „Wos issn edzer des dou?" fragt sie den Metzgermeister. Es ist eine gepökelte Zungenwurst Prager Art, für die sich die Dame sehr interessiert.

Wir treten derweil von einem Bein aufs andere. Falten von der Tiefe einer Ackerfurche graben sich in unsere Stirn. Hinter uns bildet sich eine kleine Schlange, in der schon um die günstigste Startposition gedrängelt wird, falls sich die Frau jetzt gleich für die gepökelte Zungenwurst Prager Art entscheidet. Es ist aber in ihr inzwischen noch eine Begierde entstanden nach Debreczinern, Brühwürsten, Zwiebelkrakauer, Parmaschinken, Fleischsalat, Göttinger, Thüringer, Corned Beef. Während sich hingegen in uns eine unbestimmte Sehnsucht nach Mordadella und Todschlag bemerkbar macht.

Vor der Frau Nachbarin türmen sich Tüten, Päckchen, Pakete und Dosen. Die kleine Schlange von geduldig wartenden Menschen befindet sich mit ihrem Ende bereits außerhalb der Metzgerei, wo die Straßenbahn nicht mehr vorbeikommt. Ein Herr, dessen Vesperpause lediglich eine Stunde beträgt, bricht lautlos zusammen. Das Martinshorn der Rettungssanitäter ertönt, die Dame nimmt noch Wiener Würstchen, Kartoffelsalat, rohen Schinken, Essiggurken und einen Schnerpfel Landleberwurst.

„Sooderla", hören wir sie dann wie hinter einer Nebelwand sprechen, „nocherdla häbbmers scho!" Mir häbben es aber noch lange nicht. Sie entscheidet sich nach kurzem Zögern von einer halben Stunde für ein Fünftel Salami, Blutwurst, Bratwürste und 650 Gramm Hackfleisch, von Rind und Schwein gemischt.

Sodann schreitet sie zum Zahlen. Feierlich entnimmt sie einer ihrer vier Einkaufstaschen einen Geldbeutel, der sich aber beim langsamen, näheren Hinschauen als Päckchen Tempotaschentücher herausstellt. Sie rührt in der zweiten Einkaufstasche, in der sich nichts befindet, stößt dann in der Jackentasche auf ein Portemonnaie, entscheidet sich erneut für 150 Gramm Bierschinken und erhält beim Entdecken eines Geldscheines vom gesamten hinter ihr wartenden Kundenstamm stehende Ovationen. Nur zehn Minuten später entdeckt sie weitere Geldvorkommen in der Handtasche.

Bei den Worten „Die Lääberworschd, in Bressag und die Fleischkichla mäin'S mer obber exdra aafschreim. Des is fiir die Broddngeier im värddn Schduug, däi hodd doch widder suu arch Adriddis in die Baaner..." verlassen wir mit einem schweren Bauernseufzer die von Zeitnot umzingelte Metzgerei.

Plastikkartengrüße

Die beste Erfindung auf dem Gebiet des allgemeinen Geld-
hinausschmeißens ist ohne jeden Zweifel das Kreditkarten-
wesen. Man haut sich in einer kleinen Millionärskneipe die
Hucke voll mit Chablis, Champagner und charmanten Damen,
gibt fünfzig Pfennig Trinkgeld in bar, und für den Rest kommt
das zuständige Kreditinstitut in den Vereinigten Staaten von
Amerika auf.
Lediglich erscheint dann immer kurz vor Weihnachten ein
Herr von der zuständigen Kreditkartengesellschaft aus den
USA und will vielleicht seine bisher aufgelaufenen 136000
Mark wieder haben. Wieder zückt man wie selbstverständlich
die Kreditkarte.
Soweit ist es bei einem Herrn Jochen K., der einen weißen
Leasing-Mercedes mit monatlich fünf Liter Leihbenzin meter-
weise fährt, aber gar nicht gekommen. Er ist jetzt wegen meh-
rerer Wirtschaftsvergehen vor Gericht gestanden. Er hat in

einem Nachtlokal mit zwei leichten Mädchen schwer getrunken, infolge einer kleinen Gleichgewichtsstörung einen Kristalleuchter aus der Verankerung an der Wand des Separees gerissen und einer Bedienung aus Versehen das Seidenkleid angezündet.

Insgesamt hat die Feier im kleinen Kreis 3000 Mark gekostet.

„Des is doch fiir miich ibberhabbs ka Broblem", hatte Jochen K. mit leicht lallender Stimme die Situation vollkommen im Griff, „dou is mei Grediddkaddn, Scheff!" „Däi nidzd mer nix", sagte der Chefkellner Anton. H. nach sorgfältiger Lektüre der Plastikkarte im Schein einer unruhig flackernden Kerze, „wall die Kranknkassa werd den Schambanjer woohrscheins nedd zoohln, odder?" Bei der Kreditkarte handelte es sich um den Mitgliedsausweis der Barmer Ersatzkasse.

„Des konn ja amol bassiern", murmelte der Jochen, „nou nimmsd hald däi dou!" Auch die nächste Kreditkarte aus dem reichhaltigen Sortiment des Karten-Multis gab der Kellner mit den Worten zurück: „Iich glaab fasd, daß Sie miich aweng veroorschn mecherdn. Des is a Essnsmarkn vom Schöller! Dou gräichi vielleichd zwaa Sooßnlebkoung derfiir. Obber kanne vier Fläschla Mumm!"

Nach weiteren Zahlungsversuchen mit einer Parkhauskarte, einer Club-Dauerkarte, der ADAC-Mitglieds-Card und einer Stechkarte für die gleitende Arbeitszeit sagte eine der ebenfalls sehr heiteren Begleiterinnen vom Jochen: „Lou miich amol schauer. Iich konn Karddnlesn." Trotz ihrer Fähigkeit des Kartenlesens fand sie in der Brieftasche vom Jochen an Bargeld nur zwei Achtzig-Pfennig-Briefmarken und eine Telefon-Card. Daraufhin erschienen zwei Polizeibeamte, zeigten ihre Dienst-Karte und nahmen Herrn Jochen K. völlig kostenlos mit.

Wegen Kartenlegens, Zechbetruges und Sachbeschädigung wurde der Verfechter des bargeldlosen Zahlungsverkehrs zu sechs Monaten mit Bewährung, 4000 Mark Geldstrafe und zum sofortigen Entzug seines weißen Mercedes verurteilt.

„Mir worschd", sagte der Jochen, „nou laafi hald zu Fouß."

„Und fiirs Laafn", äußerte sich ein des Englischen mächtiger Herr von der Zuhörerbank, „dou gibds aa a Karddn. Und zwoor die Go-Kard."

Ein Zwischenfall
am Unschlittplatz

Der wichtige Mensch an sich steht mindestens vierundzwanzig Stunden am Tag unter Zeitdruck, daß er am Ende seines Lebens zwar nicht das Leben kennengelernt hat, aber dafür das Leben seiner Digital-Uhr und des Terminkalenders. Auf diesen Zeitdruck hat sich auch der Maurermeister Konrad W. berufen wollen, der wegen versuchten Einbetonierens des Schweinauer Textilpropagandisten Reiner L. vor Gericht gestanden ist.

Der selbständige Maurer hätte an einem Montag nach seinen Angaben auf zwölf Baustellen zugleich sein sollen, woraus sich einige Terminschwierigkeiten ergeben haben. Der Konrad parkte also an einer der schönsten und dauerhaftesten städtischen Baustellen, am Unschlittplatz, und wollte dort von seinem Kleinlastwagen Sand, Kies und ein paar Sack Zement abladen. Er hatte dafür gemäß seinem straffen Terminplan ungefähr zehn Sekunden Zeit.

Es näherte sich Herr Reiner L., der mit sehr viel Zeit gesegnet war, umrundete den Lastwagen zweimal, überprüfte ein in der Nähe stehendes Verkehrsschild und sagte dann zu dem kurz vor der Explosion befindlichen Konrad: „Horch amol, Masder - Dein Gracher fäärsd obber dou wech. Haldeverbood!" Worauf der Konrad weiter Sand von der Ladefläche schaufelte und kurz fragte. „Wer?" „Du", antwortete der Textilpropagandist schon etwas ärgerlich. Und der Konrad fuhr fort: „Iich wolld soong, wer des wissn will." Und fast im gleichen Augenblick fühlte sich Herr Reiner L. wie ein Wanderer in der Sahara bei Windstärke zwölf, denn es trafen ihn aus der Schaufel ungefähr zwanzig Pfund Sand voll im Gesicht.

Als er sagen wollte: „Du Dreegsau, du elendiche!", knirschte es beim Sprechen im Mund und man verstand es fast nicht. „Iich hob gmaand", entschuldigte sich der Konrad vor Gericht, „der hodd gsachd, er mecherd numol a Bozzion Dreeg in die Waffl. Waller suu undeidli gredd hodd. Und der Sand wor scho goor. Nou hobbin hald nu an Aamer Kies am Kubf gschmissn und an Sagg Zemend."

Trotz einer leichten Bewußtlosigkeit, hervorgerufen durch den am Kopf zerplatzten Zementsack, hatte der Textilpropagandist noch die Worte gehört: "Und edzer nu drei Aamer vull Wasser - nou hommer dou a schäins Dengmol beddoniert. Es Oorschluuch vom Unschliddbladz."

Obwohl der Maurermeister Konrad W. in seinem Plädoyer geltend machte, daß er damals unter einem starken Zeitdruck gestanden ist und daß er unter normalen Umständen an einen Depp wie Reiner L. niemals mehrere Zentner Sand, Kies und Zement verschwenden würde, mußte er verurteilt werden. Wegen Beleidigung und Zubetonierung des Mundes eines privaten Parkplatzüberwachers kostete es 1600 Mark. „Schood derfiir", sagte der Angeklagte noch, „daß der Gimbl nedd an meiner nexdn Bauschdell hiikummer is. Dou hobbi in Scheißdreeg vo däi glann ambulandn Abboddhaisla aafloodn mäin."

Partyspaß

**Tucher Reifbräu ohne Alkohol.
Biergenuß mit Happy End.**

Mülltrennung

Eine der sinnvollsten städtischen Einrichtungen sind bekanntlich die an jeder Straßenecke lieblich in die Landschaft eingebetteten Altglas-Container, wo sich alt und jung nach dem Biertrinken zum Sortieren der Flaschen trifft. Nach zwei Wochen wird das sorgfältig sortierte Altglas von einem Flaschenschlepper abgeholt, daß es sich am Schuttplatz wieder vereinigen kann.

Immer noch gibt es aber unbelehrbare Flaschenwegwerfer, denen die Trennung vollkommen gleichgültig ist. Sie schmeißen braune Maggiflaschen in den Behälter für Weißglas, Ketchup-Spender aus Plastik versenken sie heimlich bei Buntglas, Altpapier verschwindet im Schlund von Grünglas. Das bayerische Mülltrennungsgesetz wird von der Bevölkerung häufig mit Füßen getreten., wie der Pensionist Josef E. ganz klar erkannt hat.

Der Josef ernannte sich für vier Glas-Container in der Südstadt zur Müll-Miliz und hat es nach einigen Tagen Dienst bereits zu einer Verurteilung gebracht. Allerdings ist er selber verurteilt worden.

In der Dämmerung eines späten Samstagnachmittags ist ein gewisser Heinz S. mit einem Auto erschienen und hat Flaschen aller Art vom Kofferrraum in den Container umgelagert. Nach

65

dem ersten Klirren ist plötzlich wie aus dem Nichts der verdeckte Ermittler Josef E. aufgetaucht. Mit einer grünen Schirmmütze, wie sie Forstmeister zum Schutz gegen den Borkenkäfer tragen, mit einer Dreifarben-Wehrmachtstaschenlampe und einer Dienstmarke.

Diese Dienstmarke war, wie sich später herausstellte, ein Faschingsorden der KV Narhalla Schwarzweiß aus dem Jahr 1967. „Sie sin gwiss nerrsch", brüllte der Josef den zu Tod erschrockenen Heinz an, „däi Milchflaschn, wo Sie dou neischmeißn, sin erschdns Bfandflaschn und zweidns is des Weißglas und ka Grünglas! Und Milch is ja aa nu drinner!"

Der Heinz hatte schon wieder drei Milchflaschen in die kleine Container-Öffnung schmeißen wollen. Worauf der Josef befahl: „Schluß is! Edzer kummer erschd amol die Deggl vo die Flaschn wech. Des is nemli Medall, und fiir Medall hommer drauß in Langwasser einen exdra Kondäiner." „Wassd wos?", antwortete der Heinz auf die Vorwürfe des Container-Kapos, „legg mi aweng am Oorsch! Obber dou vuurher in Deggl wech, gell."

Daraufhin drehte der Herr vom Glassicherheitsdienst vollkommen durch. „Ihnen wer mer eischberrn!", schrie er, „weecher Kondäiner-Mißbrauch! Nou werd Ihner es Veroorschn vo Amdsbersonen scho vergäih!" Und dann schlug es am Kopf vom Heinz S. ein. Der Josef hatte ihm in der Erregung über die fortgesetzte Befehlsverweigerung eine Flasche Weißglas ohne Blechdeckel ordnungsgemäß über die Mütze gezogen.

Am Amtsgericht teilte der Josef dem Richter nur mit, daß er seinen Auftraggeber für die Müllüberwachung aus Sicherheitsgründen nicht nennen kann und daß er auch sonst schweigen muß wie ein Grab. Sonst kracht der gesamte Container-Überwachungsapparat in sich zusammen wie ein Kartenhaus. Der Herr Amtsgerichtsrat war auch der Ansicht, daß der Josef in einigen Teilen seines Innenlebens nicht ganz richtig sortiert ist, und mußte ihn wegen Amtsanmaßung, Mißbrauch eines Faschingsordens und Körperverletzung zu einer Geldstrafe von 2400 Mark verurteilen. „Am besdn wäärs gween", meinte der Heinz zum Schluß noch, „er hädd drei Monad Schudd-Kondäiner ohne Bewährung gräichd."

Rotzglöckchen,
Blauröckchen . . .

Das Christkind ist bekanntlich nicht mehr das, was es einmal war. Früher ist es gemäß einer alten Überlieferung in Heu und Stroh gelegen, und Maria und Josef haben es froh betrachtet. Jetzt eröffnet es jedes Jahr den Nürnberger Christkindlesmarkt und fährt danach vier Wochen nach Essen, Düsseldorf, Gelsenkirchen, Erkenschwick und Wanne-Eickel und macht Reklame für St. Nürnberg. Andere Christkindlein wiederum zieren verschiedene Prospekte und raten dringend zum Einkauf von Mundduschen, Zweistufen-Sicherheitsdrillbohrern, Parmaschinken oder Seidenhemden.

Ein weiterer Verwendungszweck des heiligen Christkinds ist jetzt am Amtsgericht bekannt geworden, wo ein Herr Eduard F. wegen schwerer Verunglimpfung der Staatsgewalt angeklagt war. Die Staatsgewalt hat an einem Novembernachmittag die Politess Waltraud verkörpert, die hinter den Scheibenwischer vom Eduard seinem Auto gerade eine amtlich beglaubigte Parkplatzquittung in Höhe von 40 Mark geklemmt hat.

Auf den Einwand vom Eduard, daß er im uneingeschränkten Halteverbot nur zwei Minuten geparkt hat, weil er in höchster

Todesangst sich in der nahen Apotheke Herztropfen hat besorgen müssen, ist auf der Staatsgewalt ihrem Antlitz ein sanftes Lächeln erschienen.„Hobbi goornedd gwissd", sagte die Waltraud mit einem Blick auf ein Bratwurstbrötchen im Eduard seiner Hand, „daß in die Broudwerschd edzer aa Herzdrobfn drinner sin."

Diese Einmischung in die private Bratwurstsphäre verbat sich der vom akuten Herztod bedrohte Eduard energisch mit den Worten: „Dou braugsd goonedd suu saudumm lachn! Bläids Griskindla, bläids!"„Soong'S des numol mid den Griskindla!" bat die Waltraud mit einem sehr drohenden Unterton den christlichen Falschparker. „Des is ibberhabbs ka Broblem", erwiderte der Eduard und schrie dann laut und vernehmlich: „A bläids Griskindla bisd! An Värzzger an die Scheim hiizwiggn weecher zwaa Minuddn! Asuu a rachgierigs Weibsbild!" Daraufhin verständigte die Waltraud ihre männlichen Kollegen zur weiteren Sachbehandlung des offenbar leicht angetrunkenen Weihnachtsmannes.

Bis die Polizei eintraf, sang der Eduard ebenfalls ziemlich laut noch das bekannte Weihnachtslied: „Ruuzglöckchen, Blauröckchen, da kommst du geschneit, du kommst aus den Wolken, dei Oorsch is suu breit." Jetzt bei der Verhandlung führte der Eduard aus, daß ihm jegliche Verunglimpfung dieser Amtsperson völlig fern gelegen habe, daß der Ausdruck Christkindla selbstverständlich ein Kosewort sei, mit dem er die Waltraud für ihr Sendungsbewußtsein und ihre Nächstenliebe belobigen habe wollen.

An das Lied vom Rotzglöckchen, Blauröckchen, das in der Urfassung eigentlich von einem Schneeflöckchen, Weißröckchen, aber keinesfalls von einem breiten Hintern handelt, könne er sich nicht mehr erinnern. Wahrscheinlich wegen dem erwähnten Herzanfall, der sich bei näherer Untersuchung als eine Art Leberattacke mit 1,7 Promille herausstellte.

Der Erzengel Gabriel hinterm Richtertisch rechnete alles zusammen und kam auf drei Monate mit Bewährung, ein dreiviertel Jahr Führerscheinentzug und eine Geldbuße von 2400 Mark. „Macht hoch die Tür, die Tor macht weit", sagte der Eduard beim Verlassen des Saales zu dem Wachtmeister, „edz gäid der Herr der Herrlichkeit."

Aus der Welt der Selbstversenkung:

Mit Sekten
in den Vollrausch

In letzter Zeit befindet sich anscheinend der mittelfränkische Mensch aus Fürth, Nürnberg, Ottensoos oder Langensendelbach in einem schweren selbstzweiflerischen Spannungsfeld, in einer polytheistischen Umklammerung, in der Suche nach dem Ich. Die für diese Suche notwendigen Institute verbreiten sich zur Zeit nämlich in Stadt und Land wie die Maul- und Glaubenseuche und laden dringlich zu einem Besuch um ca. 2000 Mark ein.

Anders erlangen wir herkömmlichen und irgendwann auch einmal wieder hingänglichen Menschen auf keinen Fall weder ein Samsara, noch das Nirwana, sondern lediglich den Westfriedhof. Auch die unteilbare Ich-bin-heit würde uns ohne ein entsprechendes Selbstversenkungsstudium in einem der zahlreichen Zentren für kreative körperorientierte Psychotherapie sebstverständlich verschlossen bleiben.

Der von den Mächten des Taiji oder Quigong unbeeinflußte Mensch wendet am morgigen Samstag seine Schritte irrtümlicherweise nicht in ein Institut für Atem- und Körperarbeit in der Fürther Otto-Seeling-Promenade, sondern zum Clubspiel gegen Bayern München, und es ist ihm dadurch der wahre, innere Friede nach der bekannten Gurdjieff-Methode zu 75 Mark die Viertelstunde vorläufig verwehrt. Er wird auch nicht in den Genuß jener kosmosumspannenden Weisheit kommen, die lautet: „Alles was in der Welt des wandelbaren Ichfeldes wahrgenommen werden kann, ist durch das Urfeld erst möglich. Indessen entsteht durch das Ichfeld der Ichwahn wie umgekehrt die durch die karmische Anlage ermöglichte Erlösung."

Aha, murmeln wir daheim auf unserem kleinen Ichfeld und entnehmen einer Tageszeitung, daß´ein gewisser Pir Hazrat Schmolke in Burgthann in seiner Eigenschaft als erleuchteter Meister in dich eindringen möchte wie ein magisches Lichtschwert. Man soll Brandsalbe mitbringen.

Indessen findet morgen auch ein bioenergetisches Wochenende in der Fränkischen Schweiz statt. Die dafür wahrscheinlich dringend notwendigen tibetischen Klangschalen, Räucherstäbchen, handgearbeitete Meditationskissen sowie Chakra-Öle in reicher Auswahl sind in der Tantra-Boutique Shambala in Erlangen Schuhstraße 39 gegen einen kleinen Unkostenbeitrag jederzeit erhältlich. Wer aber lieber mit Hugo-Bert Eichmüller den spirituellen Weg schamanischer Bewußtseinsarbeit beschreiten möchte, kann am Dianaplatz in Nürnberg das dafür notwendige Einführungsseminar besuchen.

Einerseits liegt der Sinn solcher und anderer Sonderschulen zur Beherrschung des Karmas darin, daß wir, wie schon kurz erwähnt, das Ichfeld als das Ewigwandelbare der fragenden Urmacht erkennen. Andererseits wird in diesen heiligen Hallen der Erleuchtung jeweils nach dem Hinübergleiten ins Ichfeld immer gleich kräftig abkassiert. Dadurch erinnert es den gerade vom Regen in die Traufe konvertierten Schamanen an das Gebiet der ebenfalls sehr irdisch orientierten Kirchensteuer.

Aus der Welt des Einzelhandels:

In der Einfalt
liegt die Kraft

Viele städtische Hosen- und Würdenträger sind spätestens
nach 15 Bier im Ratskeller fest davon überzeugt, daß Nürnberg, so ähnlich wie Fürth oder Frankfurt/Odel, eine Weltstadt
ist, wo sich Flair, majestätische Baudenkmäler, Esprit, Kunst-
sinn, Liberalität und ein unverwechselbarer Charakter jeden
Tag die Klinke in die Hand geben. Auch herrscht anscheinend
eine außerordentlich reichhaltige Vielfalt vor.
Bei einer Untersuchung in dieser Woche hat sich herausgestellt, daß in den auf der ganzen Welt einmaligen Fußgängerzonen diese Vielfalt tatsächlich existiert. Und zwar besteht sie
insgesamt aus zwei Bügelfalten, die wir an der hier beheimateten
Original Nürnberger stone-washed Jeans bewundern können.
Nürnberg ist entschieden eine Jeans-Stadt.
Flanieren wir etwa durch die vielfältige Breite Gasse, entdek-
ken wir schon an ihrem oberen Ende einen Jeans-Shop. Tausende von Jeans aus aller Herren Länder blicken uns dort traurig an und wollen uns damit sagen: „Nimm mich mit,
Gostenhofer Cowboy". Nur fünf Meter weiter taucht zu unserer völligen Überraschung erneut ein Jeans-Laden auf. Schon
nach zehn Minuten haben wir bereits fünfundzwanzig bis

dreißig Jeans-Geschäfte entdeckt. Wir treffen dort auf Levis, Rifle, Lee, Mustang, Pioneer, auf Long-Röhre, Cotton, Viskose, Pubdeggle und eigens kunstvoll zerschnittene Sieb-Jeans nach Art der Nürnberger Lochgefängnisse.

Bei der Einmündung in die Krebsgasse wiederum zwei Jeans-Läden, die auch Jeans-Schuhe, Jeans-Jacken, Jeans-Mützen, Jeans-Hemden, und einen Shoppen Jeanzano oder Jean-Fizz anbieten. In manchen Shops, Centern, Points, Basaren oder Boutiquen sind die Blue-Jeans sogar black, green oder gar white. Wieder stoßen wir also hier auf die urbane Vielfalt.

Wir wechseln kurz die Fußgängerzone und befinden uns in der Ludwigstraße, wo uns schon von weitem mehrere Jeans-Läden grüßen. Hier treffen wir auf Hongkong-, Taiwan- und Aserbeidschan-Jeans. Sie werden in ihren Herstellungsländern für 25 Pfennig hergestellt und kosten hierzulande deswegen nur 99 Mark. Diese äußerst knapp kalkulierte Handelsspanne ist auch die Ursache dafür, daß Jeans-Läden häufig den Besitzer wechseln. Oft ist es so, daß wir in der Kabine eine Jeans probieren, und bis wir uns hineingezwängt haben und aus dem Hosentürchen heraus stöhnen „Däi is glaabi doch aweng z'lang", können wir am Ladentisch schon wieder einen neuen Pächter begrüßen. Auch er widmet sich dem Verkauf von Jeans.

Jeans-Läden haben wir weiters in der Pfannenschmiedsgasse, Hintere und Vordere Sterngasse, Königstraße, Karolinenstraße, Kaiserstraße, Adlerstraße und in den meisten Straßen der restlichen Nürnberger Stadtteile. Gemäß einer letzten, mühseligen Erhebung des Jeans-Referates im Rathaus konnten in Nürnberg rund sieben Millionen Jeans angesiedelt werden. Jeans-artige Die-Schörds und Schwerd-Schörds noch gar nicht gerechnet. Über die Jeans-Läden selber liegt keine gesicherte Zahl vor, denn sie befinden sich ständig auf der Wanderschaft zwischen Räumungsverkauf und Wiedereröffnung.

Das Wohltuende an den Jeans-Läden ist, daß sie im vollkommen gleichen Outfit auch in anderen Städten mit unverwechselbarem Charakter die Fußgängerzonen säumen. Und wir fühlen uns dadurch beim Besuch von München, Hamburg, Hannover, Houston/Texas oder Erkenschwick sofort wie daheim in Jeanstown an der Bengerz.

Und die Bibel
hat doch recht

Für die Übermittlung geistiger oder gar religiöser Werte gab es schon immer die verschiedensten Möglichkeiten. Man weiß von Lehrern, die an ihre Schüler am liebsten schriftliche Bittgesuche schreiben möchten, daß sie sich dem Studium einer e-Konjugation oder der Präpositionen mit Ablativ fleißig hingeben sollen. Andere garnieren die Vermittlung des Lernstoffs mit der Androhung einiger Schelln.

Missionare wiederum haben der Verbreitung der Heilslehre des Christentum früher dadurch Nachdruck verliehen, daß sie den staunenden Heiden die Ehefrauen konfisziert haben oder Goldschätze. Und schon haben diese Ungäubigen begriffen, daß sie demütig sein müssen und den kleinen Katechismus auswendig lernen sollen.

Ein Herr Franz H. aus Johannis ist jetzt wegen der schmerzhaften Übermittlung geistig-religiöser Botschaften vor dem Amtsgericht gestanden. Er hat dem Rentner Erwin F. von hinten das Alte und das Neue Testament, insgesamt 1500 kompakte Dünndruckseiten, über den Kopf gebrettert, daß dieses Opfer der Heiligen Schrift erst beim Eintreffen der Sanitäter wieder zu sich gekommen ist.

Beide Herren haben sich aber an diesem Tag vor dem Sonderstand einer Buchhandlung ursprünglich nicht für die Bibel zum Preis von 19,90 Mark mit schönen Illustrationen interessiert, sondern für das Buch „Die Nacktheit in der modernen Fotografie" um 7,80 Mark. „Iich gäih dou an den Schdand hii", sagte der Angeklagte, „und will in den Bichla aweng bläddern. Nedd weecher die naggerdn Maadler. Mich hom die Lichdeffegde indressierd, wall iich bin aa a Foddograf. Und aff amol reißd mer der Moo dou des Buch aus der Händ und sachd, dasser vuur mir dou gween is. Ganz gieriche Aung hodder scho g'habd, Herr Richder."

Der Franz eroberte sich mit einem schnellen Griff die Nacktheit der modernen Fotografie wieder zurück. Lang konnte er sich an ihr und den hochinteressanten Lichteffekten aber nicht erfreuen, denn mit dem Schrei „Du bonnografische Dreegsau!" riß der Erwin das Werk wieder an sich.

Diesen Vorwurf vor einer inzwischen auf etwa zwanzig Zuschauer angewachsenen Öffentlichkeit wollte der Franz auf keinen Fall auf sich sitzen lassen. „Nerja, nou hobbi däi Biibl dorddn lieng seeng", erklärte er dem hohen Gericht, „und dou hobbin eingli erschd däi Schdell vuurleesn wolln, wous hassd, daß die Erschdn die Ledzdn sei wern. Obber i hobbs nedd glei gfundn. Und dann hobbisn läiber glei am Kubf naaf g'haud. Obber nedd arch, Herr Richder."

„Nedd arch!?" schrie der Erwin, „dassi fei nedd lach. Iich hob gmaand, iich hob an Schädlbruch! Normool braucherd mer fiir däi Drimmer Biibl an Waffnschein!" Ob das Alte und das Neue Testament im Verbund waffenscheinscheinpfichtig sind, konnte das Gericht nicht klären. Klarheit herrschte jedoch im Fall der biblischen Gehirnerschütterung, für die der Franz zu einer Geldstrafe von 1600 Mark verurteilt wurde.

„Iich wass goornedd", sagte er nach dem Urteil zu seinem Kontrahent. „worum daß Sie sich suu aafschbilln weecher den glann Dädscherla. Wou doch in der Biibl schdäid, daß wemmer anne am Baggn gräichd, nou soll mer glei in andern Baggn hiihaldn." Worauf der Erwin antwortete: „Häddi scho gmachd. Obber iich hob nerblous an aanzichn Kubf."

Sie können jedoch eine Nachricht hinterlassen...

Die Segnungen der Technik wirken sich nicht immer segensreich aus. Auf einen Herrn Manfred R. hat sich die Stimme auf einem elektronischen Anrufbeantworter so ausgewirkt, daß er sich nach einigen körperlichen Mißhandlungen zum Hals-, Nasen-, Ohrenarzt begeben mußte. Durch Schelln schwer geschwollene Ohren sind entschieden kein Segen.

Manfred R. hatte im Gasthaus bei leichtem Bodennebel einem stadtbekannten Bankrotteur namens Siegfried tausend Mark geliehen und über ein Jahr lang vergeblich versucht, das Geld wieder einzutreiben. So sind diese tausend Mark langsam schon in Vergessenheit geraten, als dieser Siegfried an einem Abend im November sich wieder einmal nach einer Unterhaltung sehnte und deswegen seinen automatischen Telefonanrufbeantworter abhörte.

Nach dem ersten Knacken meldete sich auf dem Band eine Stimme und sagte deutlich "Du Dreegsau, du dreggerde! Auf Wiederhörn!" Die Anrufbeantworter-Mitteilung "Bitte geben Sie Ihren Namen und Ihre genaue Adresse durch" hatte diese Stimme mißachtet.

Die nächste Mitteilung auf dem telefonischen Anrufbeantworter lautete: "Vielleichd meldsd di amol bersönlich, du Oorschluuch, du bläids!" Ende der Nachricht. Der Tonfall ähnelte sehr jener Stimme, die schon das "Dreegsau, dreggerde" durchgegeben hatte.

Ein dritter Anrufer meldete nach dem Pfeifton die Vorhersage: "Diich Schnalldreiber wenni derwisch, haui der die Zähn

durchn Hals durch, dassd am Oorsch Glawier schbilln konnsd!"
Die vierte Mitteilung hatte den auch sehr interessanten Inhalt:
„Windhund, Aff, Rimbfiech! Dir mäins doch ins Hirn gschissn
hom!"
„Iich wor mer nedd ganz sicher, Herr Richder", sagte der
vollautomatisch beleidigte Siegfried jetzt bei seiner Verhandlung, „ob des den Manfred sei Schdimm gween is. Und nou
hob iich gribbomäßich erschd amol eine Geengüberschdellung
gmachd." Der Siegfried hatte geargwöhnt, daß ihn der Manfred wegen der tausend Mark Schulden mehrfach angerufen
und grob verunglimpft hat.
Er ist also mit dem Telefonanrufbeantworter zu dem Herrn
Manfred R. in die Nordstadt gefahren, ist grußlos ins Büro
gestürmt und hat seinen Gläubiger angebrüllt: „Sooch amol
däi Wordde 'Du Dreegsau, du dreggerde', und nou nu
'Schnallndreiber' und 'Windhund, Aff und Rimbfiech'." Dieser Aufforderung kam der Siegfried sehr gerne nach. Nach
dem letzten Rimbfiech setzte der Manfred seinen Anrufbeantworter in Betrieb, verglich noch einmal Rimbfiech mit
Rimbfiech und Schnallndreiber mit Schnallndreiber. „Es woor
ganz eindeudich", sagte er jetzt vor Gericht, „des is den sei
Schdimm gween. Bam Oorschluuch hodd mers ganz genau
g'heerd. Der hodd nemli an leichdn Schbroochfehler, asuu a
Wasser-S."
„Däi zwaa Schelln, wou iich nocherdla wäi aus heidern Himml
gräichd hob, Herr Richder", sagte der geschädigte Zeuge,
„wäärn goornedd suu schlimm gween. Obber der hodd nu sein
Anrufbeandworder in der Händ g'habt. Des hodd ganz schäi
eigschloong, konni Ihna soong."
Wegen schwerer Körperverletzung mit einem Telefon-
anrufbeantworter wurde der Siegfried zu drei Monaten auf
Bewährung und einer Geldbuße von 2100 Mark verurteilt.
Und weil die beleidigenden Äußerungen angeblich doch nicht
vom Manfred stammten, sagte der Zeuge am Schluß zum
Angeklagten: „Edzer hobbi ba Dir nu a Oorschluuch, a Dreeg-
sau, an Schnallndreiber, an Windhund, an Aff, a Rimbfiech
und dausnd Marg goud." Und der Siegfried antwortete:
„Wennsd middi dausnd Marg nu aweng warddn kennsd - es
Oorschluuch konnsd glei hoom."

76

Die Irrfahrt eines Kartoffelsacks

Der versierte Wirtshausgast unterscheidet drei Volks-
belustigungen, mit denen man angetrunkene Stammtisch-
nachbarn wieder in Schwung bringt. Es dreht sich dabei um
das Abbrennen einer Kerze unterm Stuhl, das unweigerlich zu
einem versengten Hintern führt. Zweitens das Zusammen-
binden der Schnürsenkel, das häufig nach dem ersten Schritt
einen schweren Sturz zufolge hat. Und drittens das gegen das
bayerische Reinheitsgebot verstoßende Hineinspucken ins
Bier.
An dem Schnapsvertreter Gerhard S. ist jetzt eine vollkommen
neue Variante von Wirtshausvergnügungen erstmals ausprobiert worden. Es handelte sich um das Sacklaufen, dem man
nach der gelungenen Premiere jetzt schon eine große Zukunft
voraussagen kann. Die Einzelheiten des ersten Nürnberger
Nordstadt-Sacklaufens sind am Amtsgericht erörtert worden,
wo sich Herr Erich L. wegen Menschenverhüllung verantworten hat müssen.
Der Angeklagte war der Meinung, daß der Schnapsvertreter
Gerhard S. für die Zuwiderhandlungen an seiner Person selbst

die Verantwortung trägt. „Wall des woor nemli suu", sagte der Erich, „daß der Gimbl in sein Breller dauernd gsachd hodd, daß nern die Aung weh denner, wenner uns Doldi sichd. Und nou hob iich gsachd, dasser nou hald die Aung zoumachn soll. Und nou isser am Diisch eigschloufn."

Auch die anderen Herrschaften am Stammtisch wollten unter keinen Umständen, daß der Gerhard im Fall des Erwachens erneut unter schweren Augenschmerzen leidet. „Eingli", schilderte der Erich die augenärztliche Therapie weiter, „hommern aff sei Brilln a Hefdbflasder draffbichn wolln. Dasser uns nedd sichd, wenner aafwachd. Obber es woor ka Hefdbflasder dou. Und nou hommer si vom Wird an aldn Kadofflsagg geem loun."

Der Erich stülpte dem schlafenden Schnapsvertreter den Kartoffelsack behutsam über den Kopf, schnürte ihn in Hüfthöhe mit einem Strick ausbruchsicher zu und schrie kurz danach: „Zabfenschdreich Männer! Feieroomd! Gemmer hamm!"

Gerhard S. erwachte programmgemäß aus seinem kleinen Zwischenschlaf, rumpelte auf und winselte: „Allmächd naa, machd es Lichd aaf! Wou binni denn? Iich siich nix mehr!"

Worauf der Erich den Herrn im Kartoffelsack vor die Tür des Gasthauses führte, ihn noch ein paarmal zur besseren Orientierung im Kreis herumdrehte und ihn dann mit den Worten „Also habe die Ehre, alde Schlammsau, bis nexdn Freidooch widder" verabschiedete.

Der Geist Gerhard S. irrte durch die Vorstadt, flog über eine Gehsteigkante, stieß mit einer Parkuhr zusammen und fragte immer wieder dumpf aus dem Kartoffelsack: „Wou binni denn? Wou binni denn?"

Am Friedrich-Ebert-Platz fiel er erst in einen jener schönen, vom Gartenbauamt errichteten Pflanztröge, fragte einen Gartenzaun „Endschuldichn'S bidde, wou binni denn?" und lief dann in der Bucher Straße in einen Radfahrer hinein, der mit den Worten „Iich hob grood an Kadofflsagg mid zwaa Baaner iiberfoohrn" über Notruftelefon die Polizei verständigte.

Wegen Herstellung und Verschickung eines Menschenpaketes wurde Erich L. zu einer Geldstrafe von 1600 Mark verurteilt. „Fiir des Geld", sagte der Erich, „hädd mern mid der Bosd aa hammschiggn kenner. Obber dou wär er hald nu underweegs."

78

Der Steckdosen-Symphoniker

Für ein großes Rundfunkorchester hat man in früheren Zeiten mindestens zwanzig Mann gebraucht, heutzutage reichen220 Volt, mit deren Hilfe ein einzelner Mensch ohne weiteres als die Bamberger Symphoniker auftreten kann.

Die dazugehörige Musik erfolgt auf einem Key-Board, in dem durch die Segnungen der Technik alle Instrumente von der Trompete bis zum Triangel vereinigt sind. Was dieser elektronischen Ein-Mann-Philharmonie lediglich noch fehlt, ist ein transportabler Lärmschutzwall.

Durch das Fehlen einer akustischen Knautschzone kommen hin und wieder auch Menschen in den Genuß dieser Musik, die von Kunst überhaupt keine Ahnung haben. Dabei kann es zu schweren Anfällen von Zerstörungswut kommen.

Franz F., ein begnadeter Musik-Banause, ist deswegen jetzt vor Gericht gestanden. Er wohnt Wand an Wand mit einer solchen elektronischen Ein-Mann-Kapelle namens Willi, der von der Kunst der Musik ebenfalls noch nicht vollends durchdrungen ist und deswegen sehr viel üben muß.

„Iich lou mer scho wos eigäih", sagte der Franz vor Gericht, „obber wos zer vill is, is zer vill. Iich frooch Sie edzer, Herr Richder: Hom Sie vielleichd scho amol Sunndooch fräih ummer siemer in Middernachds-Blues g'heerd, und zwoor dreißg mool hinderanander?! Und nocherdla is der Bayerische Dechiffrier-Marsch kummer, odder wäi der hassd."

Der Richter beantwortete die Frage dahingehend, daß er am Sonntag früh um sieben den Mitternachts-Blues noch nie dreißig mal hintereinander gehört hat und auch den bayerischen Destillier-Marsch kennt er nur vom Hörensagen. „Nou kenner'S", fuhr der Franz fort, „aa ibberhabbs nedd beurdeiln, wos iich miidgmachd hob, seid der Doldi neeber mir beschlossn hodd, dasser Musigger werd. Däi Schallwelln hom eine deroordiche verheerende Wirkung g'habd, daß mei Wellnsiddich eiganger is. Zwaamol hobbi die Bollizei alarmierd. Obber däi hom gsachd, sie kenner nix machn, wall Kunsd is ka Ruheschdörung. Derbei hodd der suu falsch gschbilld, daß mer im Kühlschrank die Milch sauer worn is."

An einem Samstag nachmittag hat der Franz im Radio die Übertragung vom Clubspiel gegen Bayern München hören wollen. Statt dessen hat er aber eine Stunde lang den Klängen des Liedes „Patrona Bavariae" lauschen müssen. Dabei erinnerte er sich an eine Patrone Tränengas, die er zur Selbstverteidigung im Nachtkästchen aufbewahrt hatte. Er läutete beim Willi nebenan, beendete die Musik mit einem kräftigen Fußtritt gegen das Key-Board und sprühte dem erstaunten Musiker den gesamten Inhalt der Gas-Spraydose ins Gesicht. Als der Willi daraufhin schwer schluchzen mußte, sagte der Franz: „Wenn iich 'Patrona Bavariae' heer, nou mousi aa immer greiner."

Wegen Körperverletzung, Sachbeschädigung und Verunglimpfung bayerischer Volkskunst wurde der Franz zu drei Monaten auf Bewährung und einer Geldbuße von tausend Mark verurteilt.

„Drei Monad ohne Bewährung", sagte der Franz, „wär mer läiber gween. Wall nou häddi im Gfängnis wenigsdns amol a Värddljohr mei Rouh g'habd vuur den seiner Musigg."

Aus der Welt der Tiere:

Mausragout
mit Buttertoast

Bekanntlich leiden auf der Welt Millionen von Menschen Hunger. Der Hunger könnte weitgehend vermieden werden, wenn diese Menschen endlich einmal ihr Schicksal in die Hand nehmen und sich als Hund, Katze, Wellensittich oder Streifenhörnchen im Großraum Nürnberg niederlassen würden. Als Haustier lebt man hierzulande nämlich in Saus und Braus. In Zeiten, wo wir einigen Asylanten einfach aus politischer Not heraus die Wohnheime anzünden müssen, beweisen wir unsere soziale Sensibilität durch ein entschiedenes Eintreten für den Zwerghasen, Zierfisch oder Zimmerhamster. Diät-Schappi oder Jod-S-11-Körnchen light sind für jeden Tierhalter eine Selbstverständlichkeit. Die Feinkostläden für unsere Vierbeiner, Schwanzflosser und Beutelnager schießen in jedem Stadtviertel aus dem Boden, daß auch unter Papageien und Meerschweinchen bald keine Not mehr herrscht.
Zum nahenden Welt-Tierschutztag erreicht die Inhaber von Siamkatzen zum Beispiel die erfreuliche Nachricht, daß das

Menü für ihre Lieben jetzt auch mit Rind, Wild, Kaninchen und zartestem Lammfleisch angereichert werden kann. Da in frommen fränkischen Landstrichen immer noch der fleischfreie Freitag eingehalten wird, bietet Whiskas auch Fastenmahlzeiten mit Thunfischhäppchen an, Seehecht, Rotbarsch und Krabben. Dem Kanarienvogel sollen wir Honigkuchen oder Fruchtknäcker zum Fernsehen servieren.

Verantwortungsvolle Goldhamster-Eltern werden ihrem Schorschi auch nicht in völliger Verrohung irgendwelche Körner zum Fraß vorwerfen, sondern sie kredenzen makrobiotische Schonkost, fein gehackte Mohrrüben mit French Dressing, Sojaböhnchen, das beliebte Hamster-Fit und ein leichtes Nährbier. Der deutsche Schäferhund, aber auch Irish-Setter und Windspiel nehmen bereits zum Brunch die magenmilden Pedigree-Schmackos, wahlweise mit Geflügel, Rind oder Jungkalb. Schinkenröllchen, Kroketten und Filetspitzen runden die Zwischenmahlzeit ab.

Selbstverständlich läßt der Bio-Tierhalter seine Katzen noch artgerecht nach Mäusen jagen. Die Beute wird dann jedoch sorgfältig gehäutet, einen halben Tag in Buttermilch gelegt, anschließend in kleine Würfel geschnitten, in Sauce Hollandaise kurz aufgekocht und als Mausragout mit Buttertoast gereicht. Ein weicher, geschmeidiger Stuhlgang dankt ihnen ihre Mühen. Das Ragout fin gibt es auch als Fertiggericht.

Ob Whiskas, Miau und Maunz, Busi, Latz, Frolic oder Sittichperle - alle Hersteller machen sich Tag und Nacht Gedanken, wie wir unseren Lieblingen immer noch bessere Leibspeisen bieten können. Bald wird unser Zwerghase im Dinner-Jackett am Tisch sitzen, einen leichten Riesling zu sich nehmen, Meeresalgen an Weinschäumchen genießen, anschließend ein Boeuf Bourgignon wählen und bei der Nachspeise zwischen Gänseleberpastete und einem Dessertteller Glacier noch nicht ganz schlüssig sein. Nach einem Tässchen Mokka und einer leichten Havanna scheißt er uns melodisch in den CD-Player, hoppelt in seinen Käfig und lugt glücklich und zufrieden hinter den von Laura Ashley handgewebten Countryside-Gardinen hervor. Von so einer hochstehenden Kultur hat man in Indien oder in Eritrea keinen Schimmer. Nicht einmal zum heiligen Welt-Tierschutztag.

Aus der Welt der alten Germanen:

Die Sonnwendfeier

Am Wochenende haben Hautkliniken, Notärzte, Unfreiwillige Feuerwehren und die Telefonanrufbeantworter von Brandschutzversicherungen Hochbetrieb, denn es finden in Stadt und Land morgen abend nach Einbruch der Dunkelheit die fränkischen Sonnwendfeiern statt. Jeder Verein, der laut seinen Statuten halbwegs von den alten Germanen oder sonst einer Herrenrasse abstammt, begeht diese Sonnwendfeier würdig und brandsalbungsvoll.

Jung und alt, Mann und Frau, Dick und Doof treffen sich auf den prähistorischen Kultstätten wie dem Gößweinsteiner Schuttplatz, der Bierabfüllanlage in Aufseß oder am Hühnergrab in Schnaittach zum Gedenken an den Sieg des Lichts über die Finsternis, zu altem Brauchtum und zur feierlichen Rückbesinnung auf die früheren Werte. Einer der Höhepunkte bildet deshalb die Rede des Vorsitzenden, der uns von einem mündelsicheren Papier irgendwas von den alten Kelten abliest, von Wotan, Luzifer, Frau Luna und Osram, um nur einige der wichtigsten Lichtquellen zu nennen.

Er schlägt einen historischen Bogen vom urzeitlichen Zucken der Blitze bis zu den Halogenscheinwerfern unserer Tage, rülpst zwischendurch einmal kurz auf, daß es im Umkreis von

zwanzig Metern, dem germanischen Thing, nach Rettich und Riedenburger Weizenbock riecht, und schließt dann seine zum vierzigsten Mal im gleichen erhabenen Wortlaut gehaltene Mehrwegrede mit dem Satz: Flamme empor! Daraufhin ertönt ein Zischen, wie wenn nasses Holz mit einem alten germanischen Wegwerffeuerzeug in mythische Berührung kommt, und der Vorsitzende spricht zu seinen Fackelträgern: „Bflamme embor hobbi gsachd, Ihr Doldi! Schidd hald aweng a Benzin driiber!" Zu dem auf der sogenannten Klampfe vorgetragenen Kufsteinlied schüttet der stellvertretende Vereinsbrandwart 30 cl Himbeergeist über den Reisighaufen, die im Schoß der germanischen Muttererde versickern wie nichts. Später, in hundert Jahren, werden hier Himbeeren wachsen. Bis das Feuer brennt, führen die Vereinsmitglieder in der Dunkelheit schwermütige Gespräche über die pyromanische Blödheit der Vorstandschaft, stimmen auf Grund der sinkenden sommerlichen Temperaturen den altmarkomannischen Schneewalzer an, während ein Jungmitglied traurig spricht: „Derhamm is edzer Duddi Fruddi im Fernseh."
Auch liegt der tiefere Sinn einer franko-germanischen Sonnwendfeier in der Tiefe des Maßkruges, der jetzt schon von Mund zu Mund kreist. Zum etwa fünfzehnten Mal brüllt der Präsident: „Bflamme embor! Graizkiesldunnerwedder!", plötzlich ein dumpfer Schlag, ein greller Blitz - mit Hilfe von 50 Litern Aral nimmt die Sonnwendfeier ihren gewünschten Verlauf. Der Holzstoß brennt, die Wiese und der still schweigende Wald, den der Bauer mit etwa 120 000 Mark Brandschaden beziffert.
Mit den alten Pfadfinderliedern „Jenseits des Tales brennen ihre Zelte" oder „Kein schööööner Brand zu dieser Zeit" klingt die Sonnwendfeier aus.
Wie unsere alten, vorgeschichtlichen Ahnen, die Lurche, kriechen am jungen Morgen Schriftführer, Wanderwarte und verschiedene Vergnügungsobleute auf allen Vieren durch das taufeuchte Gras, durchpflügen hin und wieder kleine, undefinierbare, dampfende Hügel, wissen nicht, wo oben und unten ist und freuen sich schon auf die altgermanische Weihnachtsfeier, wo man ebenfalls feierlich saufen wird wie früher die Bürstenbinder. Sodbrennen kommt auf, Flamme empor.

Die gastronomische Fürsorgepflicht

Gemäß dem Gesetz zur Aufrechterhaltung von Wirtshausgästen muß ein Gatswirt um den Führerschein seiner Stammtrinker stets sehr besorgt sein. Gegebenenfalls soll er den Autoschlüssel vor der Tür in den Gully schmeißen, ein Taxi bestellen und seinem angetrunkenen Gast mitteilen, daß er die Schlüssel je nach der Strömungsgeschwindigkeit der Nürnberger Kanalisation in etwa zwei oder drei Wochen in der Kläranlage wieder rauftauchen kann.

Dem Intensivschlucker Oskar S. ist jetzt in einem nicht sehr gut beleumundeten Gasthaus in der Vorstadt ein ähnliches Mißgeschick passiert. Danach hat er allerdings nicht nur den Autoschlüssel vier Wochen lang vergeblich gesucht, sondern auch seinen Porsche.

Dieser Herr Oskar war auf den wie ein menschliches Organ angewachsenen Porsche sehr stolz. Nach zwei Bier hat er damals seinen Tischnachbarn wissen lassen, daß Porschefahrer die Krönung der Schöpfung sind. Nach vier Bier und einigen Schnäpsen hat er mitgeteilt, daß ein Mensch, der keinen Porsche fährt, eine Art Rindvieh ist. Beim sechsten Bier war klar: Herr Oskar S. ist einer der wenigen örtlichen Würdenträger, der in seinem Besitz einen schwarzen Porsche mit Blattgold-Initialen im Wert von 160 000 Mark hat. Die darin befindliche quadrophone Hochqualitätsbeschallungsanlage kostet allein schon soviel wie ein herkömmlicher Mittelklassewagen. Die Sitze sind mit Krokoleder ausgelegt, im Katalysator befinden sich Lamellen aus Meißner Porzellan.

Bei all diesen bescheidenen Erläuterungen hat der Kellner Herbert W. aufgepaßt, wie ein Luchs. Nach dem Servieren eines weiteren Gutsherrengedecks ist der Herbert um den Oskar herumgewieselt und war sehr um die Sicherheit seines Gastes besorgt. „Herr Doggder", hat der Kellner gefleht, „denner'S obber haid nemmer middn Audo foohrn."Der Oskar, der nicht einmal ein Doktor h.c. war, höchstens ein Doktor w.c., weil er so oft austreten hat müssen, war aber der Meinung, daß er und sein Porsche noch sehr fahrtüchtig sind. „Naa Herr Doggder", beharrte der Herbert, „denner'S mer des nedd oo. Wenn'S Ihner in Schein zwiggn, nou bin iich droo schuld."

Nach langwierigen Verhandlungen und zwei weiteren Bier gab der Oskar seine Autoschlüssel ab, und der Herbert bestellte ein Taxi für die Heimfahrt. Alles war zur vollkommenen Zufriedenheit und im Rahmen des Gesetzes der gastronomischen Fürsorgepflicht geregelt. Leichte Unstimmigkeiten gab es erst am anderen Tag, als der Oskar kam, sich für die Deponierung seiner Autoschlüssel überschwenglich bedankte und dann heimfahren wollte. „Da, dou hosd an Fuchzger", sagte er zum Wirt, „saggsd an schäiner Gruß an dein Kellner, und wenni edzer meine Schlissl widder hoom kennd."

Der Herr Wirt wußte nichts von Schlüsseln, der Porsche stand nicht mehr vor der Tür, der Kellner war ebenfalls verschwunden. Er wurde erst drei Wochen später in der Oberpfalz festgenommen, wie er einem Gast mit einem nagelneuen Mercedes 600 SL vor der Tür einreden hat wollen, daß er nach einem mit Kognak flambierten Rindsmedaillon wahrscheinlich schwer betrunken sei und seine Autoschlüssel abgeben soll.

Wegen Diebstahl wurde der mehrfach vorbestrafte Herbert zu neun Monaten Gefängnis verurteilt. Obwohl er geltend gemacht hat, daß er den Porsche nur ausgeliehen hat. „Obber die Bollizei in der Oberbfalz", sagte er, „hodd ibberhabbs nedd aff miich g'horchd, wäi iich gsachd hob, daß mi ausn Knasd rausloun solln. Walli unbedingd den Borsche widder zrigg geem mous."

Ein Klavier hat keine Bremsen

Ein Flötist, ein Maultrommler oder gar ein Kunstpfeifer haben es beim Transportieren ihrer Musikinstrumente verhältnismäßig leicht. Vor allem der Kunstpfeifer, denn an einem Mund trägt auch ein Musiker mit schwächerer körperlicher Verfassung nicht besonders schwer. Anders stellt sich das Transportproblem dem Klavierspieler dar. Davon können die Herren Heinz S. und Max A. Zeugnis ablegen, die vor drei Monaten ein Piano für ein Konzert von Gibitzenhof bis in die Nähe des Friedrich-Ebert-Platzes überführen wollten.

Es hat mit einem Chaos am Neutorgraben geendet, eine Verkehrsdrehscheibe, die für Klavierfahrten mit überhöhter Geschwindigkeit nicht besonders geeignet ist. Als Hauptschuldiger des verbotenen Eingriffs eines Klaviers in den Straßenverkehr ist Heinz S. vor dem Amtsgericht gestanden. Er hatte verfügt, daß der Transport des Klaviers mit einem Leih-Lastwagen zu teuer ist und daß die Überführung mit der Muskelkraft von zwei Personen, einem Wäscheseil und mit Hilfe der vier an die Füße des Pianos montierten Rädchen erfolgt.

Der Heinz hat vorne mit dem Wäscheseil gezogen, und der Max hinten kräftig geschoben. „Des hodd eimwambfrei fungzionierd", schilderte der Heinz auf der Anklagebank die Kla-

89

vierfahrt, „nerblous am Blärrer is aweng a Durchanander gween, wall mer bam Fußgängerübergang nedd in an Zuuch niiberkummer sin. Fiir a Glawier sin däi Ambln vill zu schnell gschaldn, Herr Richder."

Davon, daß er mitten auf der Straße sich aufgrund einer leichten Trunkenheit vor das Klavier gestellt und fünf Minuten freie Improvisationen zum Thema Flohwalzer und anschließend das Lied „Geben Sie dem Mann am Klavier noch ein Bier" gespielt hat, erwähnte der Heinz nichts. „Konni mi nimmer droo erinnern", sagte er, „iich wass blous nu, dass a Audofoohrer ausgschdieng is und gschriea hodd, iich soll serfordd mein Kofferraumdeggl zoumachn. Und nou hodder mer middn Glawierdeggl die Finger neizwiggd."

Zum Höhepunkt kam es, als die zwei unter schwerem Schnaufen begannen, die Steigung vom Hallertor in Richtung Neutor zu erklimmen. "Iich hob des Seil übern Buggl g'habd", erinnerte sich der Heinz, „und zäich und zäich und zäich. Und aff aamol is ganz leichd ganger. Nou hobbi mer dengd, Dunnerkeil, der Max schäibd ja des Glawier ball allaans in Burchberch naaf. Und in den Momend douds einen Drimmer Schlooch, Bremsn gwiedschn, und der Max schdäid neeber mir ohne Glawier und sachd 'Ich hob gmaand, du hosders fesd im Griff'."

Es stellte sich heraus, daß das Wäscheseil ausgerechnet in dem Moment gerissen war, als der Max wegen Erschöpfung zur Seite treten und einen Schluck Bier nehmen mußte. Das Klavier fuhr gemäß den physikalischen Gesetzen der Schwerkraft und der schiefen Ebene selbständig wieder zurück, überquerte bei Rot die Straße und stieß mit einem Mercedes zusammen. Der Heinz und der Max begingen Fußgängerflucht, wurden aber schon eine Viertelstunde später im Burggraben hinter einem Gartenhäuschen liegend entdeckt.

Wegen Falschspielens am Fußgängerüberweg, Verletzung der Aufsichtspflicht und Trunkenheit am Piano wurde der Heinz zu einer Geldstrafe von 2500 Mark verurteilt, der Max wegen Beihilfe zu 700 Mark. „Beihilfe - dassi fei nedd lach", kommentierte der Max das Urteil, „wou iich im ledzdn Momend nu aff des Bedal vo den Glawier draffgschdieng bin! Wos konnern iich derfiir, daß die Bremsn versaachd hom?!"

Das Flüster-Fest

Feiern zum fünfzigsten Geburtstag soll man am besten ausfallen lassen, denn sie enthalten bereits bei der Auswahl der Gäste nur Zündstoff, kosten sehr viel Geld und enden bei ausreichender Versorgung mit Schnaps meist mit dem Eintreffen eines Bestrafungsbataillons von der Lenau-Wache.

Beim fünfzigsten Geburtstag der Frau Renate B. aus dem Nürnberger Westen sind die Feierlichkeiten durch eine Art Feuerwehrübung abgeschlossen worden. Frau Renate B. hat am Vorabend des Jubiläums alle Mieter und Nachbarn vor einer möglichen Nichteinhaltung der amtlich zugelassenen Hinterhoflautstärke außerordentlich höflich gewarnt. Zu dem verheirateten Pensionist Günter R. im vierten Stock hat sie gesagt: „Mir feiern morng Oomds aweng Gebozzdooch im Huuf. Im Fall, daß doch a bissla laud werd, hobbi dou glei a Schmerznsgeld derbei. Des Fläschla Seggd is fiir Sie."

Der Günter nahm die Flasche Sekt, stellte sie in den Kühlschrank, kam wieder an die Tür zurück und sagte zur Renate: „Im Huuf werd nedd gfeiert. Des holleind zer arch." „Nou willi mein Seggd widder", sagte die Renate. „Den kenner'S scho widder hoom", entgegnete der Günter, „obber edzer nedd. Den behaldi als Kauzion, daß im Huuf morng Oomds nedd suu a Gwerch is."

Diese Worte hätten der Renate zu denken geben sollen. Am anderen Abend fand das in der Geschichte von Geburtstagsfeiern als Flüster-Fest eingegangene Jubiläum statt. „Mir woorn wergli ganz leis", sagte die Renate vor dem Amtsgericht, „wenn anner an Widz gflisderd hodd, nou hom die andern dernouch ins Waschhaus zon Lachn gmäißd. Und der Quedschn-Schbiller is ab Zehner bereiz in den groußn Kehrichdaamer drinner g'hoggd, daß die Musigg nedd suu laud is."

Es kann aber auch sein, daß der Ziehharmonika-Virtuose infolge des Genusses von fünfzehn Bier vom Faß beim Übergeben in die Mülltonne gefallen ist.

Jedenfalls scheint sich die Lautstärke dann doch nicht innerhalb der vom Rentner Günter R. befohlenen Grenzen gehalten zu haben. „Des woor scho nach Middernachd", erinnerte sich die Renate dunkel „dou schreid aff aamol vo ganz oomer ans roo 'Obachd, iich bring Ihner edzer Ihrn gschissner Seggd widder zrigg'! Und in den Momend sachd neber mir mei Freind, daß mer edzer in der Wohnung weiderfeiern mäin, walls reengd."

Wie die Renate nach oben blickte, traute sie ihren Augen nicht. Im Küchenfenster des vierten Stocks stand der Rentner Günter R. am Fensterbrett, hielt sich mit der einen Hand am Rahmen fest, mit der anderen am Riemen, beziehungsweise an seiner persönlichen Abwasserkanalisation, und dahinter hörte man seine Frau verzweifelt schreien: „Dous nedd Günter, dous nedd!" Sie war der Meinung, er wollte sich in die Tiefe stürzen. Alles, was der Günter in dieser Nacht in die Tiefe stürzen ließ, war aber nur die bereits getrunkene Flasche Sekt der Renate. Der Abwasserfall schlug knapp neben der Geburtstagstorte ein, hatte aber auch eine gewisse Streuung, so daß der Günter wegen Gießens von ungefähr zwanzig Geburtstagsgästen zu einer Geldstrafe von 600 Mark verurteilt wurde.

„Aans wassi haid scho", sagte der als Zeuge geladene Freund der Renate, „ba däi Fensderbrunser vo Nachbarn, wousd du hosd, dou nimmi an dein sechzigsdn Gebozzdooch in jeedn Fall an Reengscherm miid."

92

Die Einweichung eines Kanzlerdenkmals

Vielen Menschen fehlt das vom Innenministerium und anderen maßgeblichen Stellen geforderte Nationalbewußtsein, sodaß es ihnen selbstverständlich auch an der nötigen Ehrfurcht vor den heiligsten Denkmälern dieser Stadt mangelt. In manchen Fällen entsteht diese nationale Respektlosigkeit und Nestbeschmutzung auch irgendwie aus einem inneren Drang heraus, wie es zum Beispiel Frau Isolde O. anläßlich sechs Weinschorle beim Altstadtfest widerfahren ist.

Infolge des inneren Drucks dieser Weinschorle war es ihr für einen kurzen Moment gleichgültig, daß das Bismarck-Denkmal am Prinzregentenufer ein Ort der nationalen Selbstbesinnung sein könnte. Sie hat sich dort in völliger Verkennung der Lage Deutschlands auf dem Heimweg vom Altstadt fest hinter den Sockel des eisernen, beziehungsweise in diesem

Fall steinernen Kanzlers gesetzt und den sechs Weinschorle freien Lauf lassen wollen.

Es hat vor dem Nürnberger Amtsgericht geendet, denn plötzlich ist aus der Abenddämmerung der Wöhrder Wiese Herr Karlheinz H. im kleinen Kampfanzug und Fallschirmspringerstiefeln aufgetaucht und hat geschrien: „Iich glaab, Sie schbinner aweng! Hom Sie derhamm gwiss kann Abodd!? Dou heerd si doch alles aaf! Hoggd si dou her und will einen deudschn Kanzler oobinkln!"

Die Isolde wußte zunächst nicht genau, wovon der Herr brüllt, und wollte sich unverrichteter Dinge wieder anziehen. „Nix dou", schrie der Karlheinz, „däi Huusn bleibd herundn, bis die Bollizei kummd!" Immer noch nicht begriff die Isolde, warum die Erledigung ihrer Notdurft von so übergeordnetem Interesse ist und zu ihr jetzt sogar noch eine Delegation aus dem Polizeipräsidium hinzugezogen werden soll.

Dann aber bemerkte sie bei dem Hüter der Nationalehre ein Herausquellen der Augen, das anscheinend mit der Pflege des Deutschtums nicht in direktem Zusammenhang stand. Auch öffnete sich beim Karlheinz der Kampfanzug direkt am Hosentürchen, eher einem Hort des Exhibitionismus als des Nationalismus, plötzlich wie von Geisterhand. „Und nou hobbi scho gmergd", sagte die Altstadtfest-Heimkehrerin als Zeugin vor Gericht, „daß den Moo nedd der Bismarck driggd hodd, sondern mehra sei Bismarck-Hering in der Huusn." Eine Bemerkung, die sich der Herr Amtsgerichtsrat wegen einer möglichen Verunglimpfung der wilhelminischen Ära verbat. Entgegen dem Befehl des Denkmalschützers zog die Isolde ihre Hose doch geschwind hinauf, rannte zum nahen U-Bahnhof und alarmierte die Polizei. Bei der Verhandlung blieb der Karlheinz aber dabei, daß für ihn lediglich die versuchte Besudelung einer nationalen Gedenkstätte von Interesse war. Es wäre, wenn er nicht eingegriffen hätte, möglicherweise das Fundament des deutschen Staates unterspült worden. Worauf die Isolde bemerkte: „Iich hob scho noodwendich gmäißd, Herr Richder. Obber suu an Drugg hobbi aa widder nedd draff g'habd." Wegen eines Vergehens der unsittlichen Annäherung unter Vorspiegelung nationaler Begeisterung wurde Karlheinz H. zu einer Geldstrafe von 1200 Pißmark verurteilt.

Aus der Welt des Wirtschaftswachstums:

Die Unifomierung der Bamberger Hörnchen

Bäcker war in früheren Zeiten kein sehr beliebter Beruf. Man hat früh um drei Uhr aufstehen müssen, die Gewinnspanne bei einem kusthandwerklich geformten Schnittweckla zu sechs Pfennig war für einen ordnungsgemäßen betrügerischen Konkurs zu hoch und zum Weiterwurschteln zu niedrig. Auch haben die Bäcker bei lediglich zwei bis drei Stunden Halbschlaf neben dem Backofen ihren ehelichen Pflichten nur notdürftig nachkommen können, und das Handwerk ist ausgestorben. Jetzt blüht es in Form der sogenannten Ketten-Bäcker, beziehungsweise Bäcker-Ketten, explosionsartig wieder auf.

Entgegen ihrer Bezeichnung backen die neuartigen Kettenbäcker keinerlei Ketten, sondern sie breiten ihre Filialen von einem zentralen Hochofen kettenförmig über die ganze Stadt aus. Jetzt gibt es also Back-Filialen in Hülle und Fülle. Fast möchte man in manchen Straßen meinen, es existieren außer Bäckerei-Ketten keine anderen Geschäfte mehr. Und die rein äußerlich verschiedenartigen Brötchen wachsen uns schon aus dem Hals raus.

Wegen dem Umsatz eines Bäckereikonzern-Chefs fühlen wir uns täglich im inneren Kaufzwang von Sesambrötchen, Roggenbrötchen, Vollkornbrötchen, Maul- und Kleiebrötchen,

Dreikornbrötchen (mit dem früheren Leiter der Nürnberger Volkshochschule Paul Dreykorn nicht verwandt und nicht verschwägert).

Trotz der verschiedenartigen Bezeichnung der Semmeln muten sie im Gaumen irgendwie gleichschmeckend an, denn sie stammen ja alle aus dem zentralen, computergesteuerten Walzwerk. Gemäß der Kumulationstheorie von Marx häufen sich auf eine zentrale Backstelle immer mehr Filialen, die Uniformierung der Bamberger Hörnchen schreitet stetig voran. Sie heißen auch im Zug der allgemeinen Verkettung nicht mehr Bamberger Hörnchen, sondern Kroassongs. Es ist französisch, und wir ersehen daraus, daß manche Kettenbäcker ihre Fühler schon bis nach Paris ausgestreckt haben. Bald werden wir auf unserem Mohnweckla an der Unterseite vielleicht den Stempel finden „Aafblousn in Hongkong". Wie ja auch der föderative Käskong chinesischen Ursprungs ist.

Nichts erfüllt uns mit mehr Genugtuung als ein frischgestanzter Erdbeerkuchen aus einer kleinen Kettenbäckerei mit 180 Filialen. Denn wir wissen: Ganz gleich, ob wir ihn in Feucht, Altdorf, Burgthann, Pfeifferhütte, Burgfarrnbach, Schweinfurt, Gößweinstein oder Sulzbach-Rosenberg kaufen - immer entspricht er in Höhe, Länge, Breite und Geschmacksneutralität den DIN-Vorschriften der Europäischen Kettenbäcker-Innung. Bei den Semmeln haben wir durch die Vereinheitlichung eine stets gleichbleibende Frische, die den Werten eines Knetgummis oder der nach oben offenen Fensterkitt-Skala entsprechen muß. Diese strengen Normen-Vorschriften und Bestimmungen über den Sägspängehalt haben natürlich ein Bäcker Modschiedler in der Südstadt, die Bäckerei Wörrlein in der Rothenburger Straße oder der Hoffmanns Bäck in Mögeldorf nicht im Entferntesten erfüllen können. Sie haben ihre in keiner Weise zentralgesteuerten Bäckerläden in aller Stille geschlossen.

So sind neben dem herkömmlichen Bäcker auch die Nürnberg-Fürther Individual-Weckla, beziehungsweise Semmerli, zum Aussterben verurteilt. Noch sollen in einigen Stadtvierteln schwarze Backstuben in Hinterhöfen in Betrieb sein. Ihre Überstunden sind gezählt, denn sie verstoßen auf das Gröbste gegen das Einheitsgebot der Kettenbäcker.

Aus der Welt der Jubiläumsfeiern:

60 Jahre Fleischsalat und so weiter

Normalerweise lebt der fränkische Mensch haltlos dahin, brütet dumpf über seiner Einkommensteuererklärung, vegetiert, sandelt, säuft, ergibt sich hin und wieder der Brunft und hat keinerlei Sehnsucht nach höheren Werten. Gegen diese unerbittlich nagende innere Leere sind als ein fester Halt, als tragende Säule in der geistigen Armut, die sogenannten Gedenktage und -jahre eingerichtet worden.

Gerade haben wir das Mozart-Jahr hinter uns, und schon befinden wir uns seit zwei Wochen im Kolumbus-Jahr. Mit Hilfe des Nürnberger Wanderwartes Martin Behaim und der Firma Hut-Globus hat Kolumbus vor 500 Jahren Amerika entdeckt. So fällt dieses große Ereignis, dem wir unter anderem die Merrell-Baracks und den Tennenloher Schießplatz verdanken, auch auf Nürnberg und Umgebung zurück.

Wir haben also 1992 schon wieder ein Freudenjahr, wo für die verantwortlichen Kräfte Freibier in ungeahnten Mengen fließen wird. Fünfjähriges Jubiläum auch eines Fleischküchla-Herstellers in der Südstadt, 36 Firmenjubiläen bei Lebkuchen-Eierlein, über 700 zehnte Geburtstage im Stadtgebiet.

Dann wurde der Fleischsalat vor 60 Jahren ins Leben gerufen,

und im Jahr 1962, also vor genau 30 Jahren, ist der Berufs-
trinker Gerhard S. das erstemal waagrecht und ohne mit der
Wimper zu zucken aus einem Wirtshaus hinausgeflogen. Wir
begehen dieses Rundflug-Jubiläum am 3. April, dem Tag, wo
Gerhard S. mit den historischen Worten „Iich hädd des ledzde
Seidla nedd saufn solln" wieder aus dem Koma erwacht ist.
Die Entdeckung des Schweinauer Kouweihers vor 100 Jahren,
als der legendäre Hundestaffelführer Barthel Dennerlein (1862-
1924) eigentlich auf der Suche eines Gehwegs zur Mögeldorfer
Kirchweih war, feiern wir Ende Juni.
Eine der größten Ruhmestaten der Stadt überhaupt, nämlich
ihre Gründung, jährt sich gleichfalls mit der ebenfalls außerordentlich verdienstvollen Jahrtausendwende bald zum 950.
Mal. Schon jetzt befinden sich deswegen zahlreiche Wissenschaftler in der Planung, daß wir im Jahr 2000 vierzehn Tage
lang trunken vor Freude über den Geburtstag unserer Stadt
durch die Einbahnstraßen taumeln werden.
Damit uns das tägliche Leben nicht zum Hals raushängt,
sondern gelegentlich auch einmal eine Überdosis Bier, haben
wir im Rathaus das Jubiläumsamt. Dort forschen an die 25
Subtraktionsbeamte mit der komplizierten Methode des
Abziehens zweier Jahreszahlen voneinander, was wir jeden
Tag feiern können.
Bisher haben beim Dürer-Jahr, beim Paul-Preller-Jahr, beim
Hans-Sachs-Jahr oder beim Heinz-Triefel-Jahr immer nur
vollkommen runde Geburtstage oder Todestage gegolten.
Denn nichts läßt sich freudiger feiern als ein runder Todestag.
Sollten jedoch, was man allerdings bei der Emsigkeit der
städtischen Jubiläumsforscher kaum glauben kann, die runden
Geburtstage einmal ausgehen, kann man natürlich auch auf
andere Jahreszahlen zurückgreifen. Wie etwa 217 Jahre Nürnberger Gartenbauamt, die Entdeckung des Lungenzugs vor
113 Jahren, zwölfeinhalb Jahre Baustelle Unschlittplatz, ein-
dreiviertel Jahre Karla Fohrbeck im Amt oder andere hervor-
ragende Meilensteine in der stolzen Geschichte unserer Stadt.
Auch feiert morgen früh um 9.36 Uhr die in der gesamten
Rathaus-Kantine berühmte Eintags-Fliege Karl Schwirr ihre
11 674 Geburtssekunde. Das Jubiläumsamt des Oberbürger-
meisters lädt zu einem Schwebeempfang.

Die Kettenreaktion der Büchsenmilch

Bei Kettenreaktionen werden bekanntlich große Energien frei, und es bilden sich am Schluß neuartige Endprodukte, wie zum Beispiel verwüstete Landstriche oder eine bleihaltige Luft. Verschiedene Politiker und Wissenschaftler fassen diese Verwüstungen unter dem Sammelbegriff Fortschritt zusammen. Ähnlich wie bei den verhältnismäßig harmlosen Explosionen von Atomkraftwerken gibt es auch im zwischenmenschlichen Bereich Kettenreaktionen, die allerdings verheerend wirken können.

Herr Richard S., ein hauptamtlicher Aktenordner und Ärmelschoner in der Stadtverwaltung, kann ein Lied davon singen. Er hat sich jetzt als Ausgangspunkt einer Kettenreaktion vor dem Zivilgericht in der Frage des Schadensersatzes verantworten müssen.

Dieser Amtsrat verbringt seine zahlreichen Mußestunden im Kaffeehaus, wo er schwer über verwaltungstechnische Verbesserungsvorschläge nachdenkt. Er ist an einem Montagnachmittag kurz vor der Lösung eines solchen Problems gewesen, wie sein viertes Kännchen Kaffee mit einer vakuumverpackten Kondensmilch im Gefolge eingetroffen ist.

Die Kondensmilch hat sich als Plastikbombe erwiesen, die eine Kettenreaktion ausgelöst hat, an deren Ende die Verkäuferin Karin M. einen komplizierten Knöchelbruch erlitt. „Iich konn dou ibberhabbs nix derfiir", verteidigte sich der Richard. „Des kommer doch nedd wissn, daß mer heizerdooch fiir a Bichsnmilch an Waffnschein braucherd."

Anschließend schilderte der Kaffeehausgast die Kettenreaktion: „Iich mach des glanne Milchdöösla aaf, und aff aamol schbridzd die Milch raus, wäi wenn des ein isländischer Geysir gween wär. Iich mach eine Reflexbeweechung mid meiner Händ, schmeiß aus Verseeng es Kaffeekännla um, der Kaffee leffd mein Nachbern in Schoß, der schreid vuur Schmerzn, rumbld houch, schdolberd iiber der Bedienung ihre Fäiß, haud des Dischla hinder siich um - und der Diisch is nocherdla dem Frollein genau midder Kandn affs Gnechla draff gfluung."

Der Richard tat so, als ginge ihn die Kettenreaktion überhaupt nichts an und trank in aller Ruhe seinen Restkaffee ohne Milch. Während der im Schoß verbrannte Nachbar, der noch mit schmerzverzerrtem Gesicht am Boden lag, von dem Fräulein Karin schwer beschimpft wurde. „Sie bsuffner Laggaff, Sie bsuffner", wetterte die Karin, „wenn'S nimmer laafn kenner, nou schloufn's Ihrn Rausch wo andersch aus wäi ausgrechnd aff mein Gnechla!" „Erlaum'S amol", wehrte sich der Zwischenträger der vom Richard ausgelösten Kettenreaktion, „erschd exblodierd gnabb vuur mein Gsichd däi glanne Handgranoodn, nou verbrüd mer der Moo dou mei Inderims-Fähre, odder wäi däi hassd, dassi maan, iich hob an Brennschdab in der Huusn, und edzer solli an Ihrn Gnechla aa nu schuld sei!"

Erst nach diesen sachdienlichen Äußerungen verlagerte sich die Klärung der Schuldfrage mehr auf den Richard, der wiederum die sprengstoffartige Kondensmilch für den Knöchelbruch verantwortlich machte. Da das Gericht sich aber auch nach längeren Überlegungen nicht in der Lage sah, eine Kondensmilch wegen Körperverletzung zu verurteilen, muß der Richard jetzt für den Schaden aufkommen.

Der zog aus der Verurteilung sofort seine Lehren. „In Zukumbfd", sagte er, „nimm iich mir zon Kaffeedrinkn in schdäddischn Schbrengmasder miid."

Verzweiflung
am Rückgabeknopf

Während die Passiv-Raucher vor allem durch das Einatmen der reinen Luft im Freien immer mehr gefährdet sind, leben die aktiven Raucher in zunehmender Gesundheit. Es ist dies vor allem durch das Aufstellen von computergesteuerten Zigarettenautomaten erreicht worden. Denn dadurch, daß aus ihnen trotz des verzweifelten Einwerfens von Mark-Stücken aller Art nichts herauskommt, ist der gierige Raucher von der Zigarettenzufuhr stundenlang abgeschnitten und schont seine Lungen.

Der Kettenraucher und Kirchenrestaurator Erich L. kann ein Lied davon rasseln. Er ist wegen der eigenartigen Entzugserscheinungen eines computergesteuerten Zigarettenautomaten vor Gericht gestanden. Er ist nachts um zwei Uhr von ei-

nem schweren Alptraum erwacht und hat in seinen Lungen-
flügeln eine unbestimmte Sehnsucht nach einer Marlboro, HB
oder Camel verspürt. Notfalls hätte er auch ein vertrocknetes
Blatt eines am Fensterbrett stehenden Alpenveilchens in Zei-
tungspapier gehüllt und geraucht, aber es haben sich glücklicherweise in einer Geheimschublade noch zwei Zwei-
markstücke befunden.

Mit den Hausschlappen, einer weißblau gestreiften Pyjama-
Hose und mit entblößtem Oberkörper hat er das Haus verlassen und ist zwei Straßen weiter zum Zigarettenautomaten
gerannt. „Iich schäib di zwaa Zwiggl nei", schilderte er seine
Bemühungen vor Gericht, „nou rumblds in den Audomaadn
und nou is nix rauskummer. Nou hobbi aff den Rückgabegnobf
driggd, es hodd aweng glabberd und es kummer drei einzlne
Margschdiggla zrigg." „Ganz gloor", sagte der ebenfalls vor
Gericht geladene Automatenbesitzer Georg F., „der Audomaad
hodd eine Marg Bearbeidungsgebühr einbehaldn."

Der Erich verbat sich derart dumme Bemerkungen und schilderte den Fortgang seines Kampfes gegen den Automaten.
„Iich schdäi halmi naggerd dordn, aff amol kummd a äldere
Dame mid ihrn Daggl die Schdrass roo, gäid an den Audomaadn
hii, wirfd wos nei und zäichd zwaa Bäggla Zigareddn raus. Iich
hob mi hinder dera Mauer verschdeggd g'habd. Wäi däi Frau
a boor Meeder fordd gween is, gäih iich widder zu den
Audomaadn - und nou is mei Geld fordd gween. Wäi i am
Rückgabegnobf driggd hob, is nix mehr rauskummer."

Daraufhin rannte der Erich, durch die Hausschlappen und die
wallende Schlafanzughose stark behindert, der Dame nach.
„Entweeder mei Geld odder a Bäggla Zigareddn", brüllte der
Erich. „Dir werri scho helfn, du bläide Sulln! Mir meine
Zigareddn schdilln! Ibberhabbs is Raung fiir suu alde Weiber
unxund. Dou gräigsd a Gsichd wäi a Dörrbflaumer." Kurze
Zeit später wurde der Erich von der Polizei vorläufig festge-
nommen.

Wegen Beleidigung und Nötigung verurteilte ihn das Gericht
zu einer Geldstrafe von 800 Mark. Außerdem riet ihm der Vorsitzende, solle er sich das Rauchen abgewöhnen. „Fiir a bläids
Gschmarri", nuschelte daraufhin der Erich, „sollerds aa Audomaadn geem. Nou bleiberds wenigsdns drinner."

Die HYPO-Idee, wie man günstige Zinsen auf lange Zeit festhält.

Jetzt heißt es zuschlagen! Denn jetzt ist die große Chance da. Zu der ohnehin vorteilhaften Lage auf dem Bau- und Immobilienmarkt kommt jetzt die HYPO »Hausbildungs-Förderung«!

Jetzt können Sie bei uns variable Kredite in langfristige Kredite umschreiben. Jetzt können Sie Ihre Zinsen bis zu 10 Jahren festschreiben – und das bei einem Festzinsniveau, das so günstig ist, wie schon lange nicht mehr.

Packen Sie die Gelegenheit beim Schopf und sprechen Sie mit uns.

<u>Wir lassen uns etwas für Sie einfallen.</u>

Bayerische Hypotheken- und Wechsel-Bank
Aktiengesellschaft

Die HYPO.
Eine Bank – ein Wort.

Der Ohrenbohrer

Dadurch, daß in den letzten Jahren die Sprache als Verständigungsmittel mehr und mehr in den Hintergrund tritt, kommt jetzt die Fingersprache auf. Für bestimmte Tätigkeiten, Aufforderungen oder Liebesbeweise kennen wir die Zeichen des senkrecht erhobenen Zeigefingers, den zwischen Mittel-und Zeigefinger eingeklemmten Daumen, die mittels raschem Hin- und Herbewegen des Unterarms signalisierte Jubelsäge eines Bundesliga-Torschützen oder das durch Zusammenschließen von Daumen und Zeigefinger geformte O. Es symbolisiert allerdings nicht das legendäre griechische Omega, sondern das gostenhoferische Oorschluuch. Es wird vor Gericht durchschnittlich mit einer Geldstrafe von 800 Mark bewertet. Das kann Herr Erich F., ein Meister der Zeichensprachschöpfung, bestätigen, der diesen Betrag wegen Beleidigung eines neben ihm stehenden Autofahrers schon einmal auf die Gerichtskasse einzahlen mußte.

Jetzt ist dieser Vorkämpfer des wortlosen Sprechens wieder

vor Gericht gestanden. Er ist mit seinem Auto während des
Berufsverkehrs sehr gemütlich durch die Gibitzenhofer Haupt
straße geschlichen. Hinter ihm wäre der auf eiliger Kurierfahrt
befindliche Anton E. beinahe verrückt geworden. „Wenn si
der Gimbl Schaufensder ooschauer will", sagte der Anton vor
Gericht, „nou soller zu Fouß gäih." „Suu ein Gschmarri", sagte
der Erich, „iich bin genau Fuchzich gfoohrn." „Jawoll", entgegnete der Anton, „und zwoor fuchzich Schdundn-Milli-
meeder."
Jedenfalls soll der Anton so nah auf den Erich aufgefahren
sein, als hätte er auf dem Fließheck seines Vordermannes einen Parkplatz gesucht. „Und nocherdla kummd es aller-
schennsde", sagte der Anton, „wäi mir am Kullnhuuf neeber-
anander an der Ambl schdenger, bumbd si der Schlurcher aa nu
aaf!" In eindeutig obszöner Art und Weise. „Erschd", fuhr der
Anton fort, „hodder mer sein linkn Zeichefinger hiig'haldn
und nocherdla hoddern a boormool schäi langsam in sei Ohr
neigschdobfd. Des is doch ganz gloor, Herr Richder, wos däi
Sauerei bedeudn hodd solln!"
Nach fester Überzeugung vom Anton habe der Erich in be-
leidigender Absicht sein Ohr als Gesäß mißbraucht. Die Sym-
bolik wurde ausführlich besprochen, bis auch Herr Erich F.
merkte, in was er angeblich seinen Zeigefinger gesteckt hat.
Daraufhin brüllte er auf der Anklagebank: „Dou heerd si doch
alles aaf, hohes Gerichd! Edzer derf der Verkehrsverbrecher
dou aa nu behaubdn, daß iich Ohrn wäi a Oorsch hob!"
Er weiß nichts von einem symbolischen Zusammenhang zwischen Hintern und Ohren, er hat sich lediglich säubern wollen
und dabei niemand zum Zuschauen eingeladen. Wegen der
Herabwürdigung seiner Ohren will er eine Gegenklage an-
strengen.
Das Ohrenstopfen fand nach längerer Beratung keinen Ein-
gang in die deutsche Rechtssprechung. Herr Erich F. wurde
vom Vorwurf der Beleidigung freigesprochen. Beim Verlassen des Gerichtssaals bückte sich der Anton vor dem hinter
ihm gehenden Erich ganz tief und reckte ihm dadurch, verbunden mit einer kleinen Lautmalerei, aus Versehen den Hintern
entgegen. Nach dem Verebben des Trompetensolos murmelte
er: „Mir is blouß mei Schniirbändla vom Schouh aafganger."

Radfahren im Dreivierteltakt

Eine der besten Erfindungen des 20. Jahrhunderts ist ohne jeden Zweifel der sogenannte Walkman. Durch diesen hochphonigen Ohrenhöhrer ist der Walkman-Besitzer vor Lärm jeder Art geschützt. Er hört nichts, wenn der Kontrolleur mit lauter Stimme in der U-Bahn den Fahrberechtigungsausweis zu sehen wünscht, er vernimmt beim Joggen im Wald glücklicherweise nichts vom Krach der dort ansässigen Nachtigall oder der tirilierenden Haubenlerche, und er wird bei angeregten Unterhaltungen im Wirtshaus nicht durch die Unterhaltung an sich gestört.

Der Walkman-Mann kann sich aufs Wesentliche im menschlichen Dasein konzentrieren, wie etwa AC/DC, Motörhead oder Guns 'n Roses. Bei dem Walkman-Verfechter Karl B. kann man infolge einer schubartig auftretenden Kurzumnachtung auch von einem Kalkman sprechen.

Karl B. lauscht vorzugsweise den Klängen des Walzerkönigs Johann Strauß und fährt dabei beschwingt Fahrrad. Er ist jetzt auf dem Fahrradweg nach Brunn am Schmausenbuck mit einem Herrn Jochen F. in Berührung gekommen.

Jochen F. ist vermutlich einer der letzten Menschen überhaupt, die nur mit ganz normalen Ohren ausgestattet sind. Verweigerern des elektronischen Fortschritts ist die Notwendigkeit von 120 Dezibel beim Radfahren, ein Dolby-Effekt, Loudness oder die Quadrophonie völlig unbekannt. Die Begegnung zwischen einem Hochfrequenz-Radfahrer und einem altmodischen Trommelfellhörer hat vor dem Nürnberger Amtsgericht geendet.

F. ist mit Höchstgeschwindigkeit über den einsamen Waldweg gebraust, wie vor ihm auf einmal ein schwer schwankender Radler die Rekordfahrt gebremst hat.

Erst hat der Jochen kurz mit seiner italienischen Mehrtonfanfare am Lenker geklingelt. Dann hat er laut „Glingelingeling" gesagt und anschließend geschrien „Obachd, iich foohr links vobbei!" Im gleichen Augenblick hat der Radfahrer Karl B. scharf nach links gezogen, um kurz danach, wie der Jochen rechts vorbeifahren wollte, den Radweg mit einem walzerartigen Schlenkerer rechts zu blockieren. Was der Jochen mit den durchaus lautstark artikulierten Worten kommentierte: „Ja is denn der Doldi duusheerad?" Auch die Frage nach einer möglichen Schwerhörigkeit verhallte ungehört in der Waldeinsamkeit.

„Ob iich edzer vielleichd amol vobbei kennd?!" brüllte der Jochen nach ungefähr einem Kilometer Windschattenfahren schon ziemlich verzweifelt. Wiederum erhielt er vom Karl keine Antwort. Erneut rief der Jochen seinem ihm unbekannten Schrittmacher nach einigen hundert Metern vergeblich versuchten Überholens zu: „Kennsd amol aff Seidn foohrn!?" Der Karl antwortete mit einem lauten „Dädädädä Rambambam, Dädädädä Rambambam, Wiener Bluuuud, Dädädädä."

Jochen F. konnte nicht ahnen, daß der Karl auf seinem Walkman verzückt dem Weltwerk 'Wiener Blut' lauscht, dabei kräftig und falsch mitsingt und vor lauter Begeisterung im Walzertakt sein Fahrrad steuert. Ungefähr beim zehnten Dädädädä Rambambam krachte der Jochen dem Karl mit dem Vorderrad mit voller Wucht seitlich in das kostbare Mountain-Bike. Wie der Name Mountain-Bike schon sagt, flog der Karl mit dem Bike den Mountain hinunter. Aus verschiedenen Wunden an Beinen, Armen und auch aus den Ohren tropfte Wiener Blut. Wegen absichtlicher Herbeiführung einer Karambolage, Klangkörperverletzung und Mißachtung des Walzerkönigs vom Schmausenbuck wurde Jochen F. zu einer Geldstarfe von 750 Mark verurteilt. „Und können Sie, junger Mann", fragte der Richter den 67jährigen Radler Karl B., „könnten Sie in Zukunft vielleicht ohne Musik im Ohr durch den Wald fahren?" Schon wieder den Walkman im Anschlag, antwortete der Karl in aller Ruhe: „Dädädädä Rambambam, Wiener Bluuuuud, Dädädädä..."

Aus der Welt der Architektur:

Ein neues
Sittich-Center

Bisher ist der Ruhm der Nürnberger Architektur mit ihrer auf der Welt einzigartigen Kunst der vollkommenen Beherrschung des magischen Vierecks unverständlicherweise immer nur bis Eibach, Stein oder Altenfurt gedrungen. Das wird sich jetzt aber durch die Errichtung eines kühnen städtebaulichen Akzentes ändern. Bald schon wird man bis weit hinein in die westliche Oberpfalz die Nürnberger Skyline rühmen, denn es baut demnächst der Nürnberger Archtekt Helmut Jahn an den Gestaden der Pegnitz den Augustinerhof.
Dieses Gebäude gemahnt uns, wie der Architekt ausgeführt hat, an eine Modernisierung der Historie, an eine gespaltene Halbkreisform, an die urbane Monumentalität sowie an eine Adaption der Stadt-Typologie. Irgendwie gemahnt es uns aber beim Betrachten des Modells auch an einen aufgeschnittenen Preßsack. Für den Fall, daß sich der Baukunstbeirat noch mit Verbesserungsvorschlägen zu Wort melden sollte, werden an beiden Enden des Augustinerhofs noch kleine Erker in Form eines Wurstschnerpfels angebracht, und man kann dort neben

109

Büroräumen, Hotels, Basaren und Bistros zusätzlich die Metzgerinnung unterbringen.

Die von Herrn Helmut Jahn beschworene Monumentalität wirkt auf den Betrachter insgesamt sehr wohltuend. Es ist lediglich zu bemängeln, daß der in den USA darbende Baumeister durch seine lange Abwesenheit von seiner fränkischen Heimat bei der Planung der Monumentalität aus Versehen die Pegnitz mit dem Mississippi verwechselt hat. Das Größenverhältnis kann aber sehr schnell wieder hergestellt werden. Man müßte nur die Pegnitz an dieser Stelle um ungefähr 30 Kilometer verbreitern und die Innenstadt vielleicht noch auf die Gesamtfläche von New York ausdehnen. Dadurch kämen endlich auch München und Frankfurt in den Vorzug der Eingemeindung nach Nürnberg.

Selbstverständlich ist das wegen seiner Ähnlichkeit mit einem Vogelkäfig auch Sittich-Center genannte Bauwerk bereits in die Kritik geraten. Nam- und schemenhafte örtliche Architekten haben sich zu einer Krisensitzung versammelt und nach dem Durchsickern der Honorar-Summe wie aus einem Munde ausgerufen: „Des häddns uns aa geem kenner!"

Äußerst scharfe Kritik ist in den entscheidenden Fachausschüssen im Kettensteg, im Goldenen Geier und im Rohritzer Eck auch am Abriß der alten Häuserpartie und eines unter Denkmalschutz stehenden Gebäudes laut geworden. Aber man soll sich, verlautete aus dem Rathaus, mit dem Schicksal von Troja trösten. Diese ebenfalls sehr altertümliche Stadt in Kleinasien ist sage und schreibe neunmal abgerissen und von Heinrich Schliemann trotzdem wiedergefunden worden.

Auf jeden Fall schlängelt sich in spätestens fünf Jahren der Augustinerhof wie eine geglückte Synthese von Stadtwurst, Wartehalle und Fahrradständer durch die Ziddi. Droben vom Sinwellturm aus betrachtet, bietet es dem vielleicht noch etwas zweifelnden Halbgreis zusätzlich den Anblick eines großen Güterwaggons. Es vereinigt dadurch entschieden die Historie in Form der ersten Deutschen Eisenbahn in sich. Und man kann infolge dieser Ähnlichkeit bei Nichtgefallen am Augustinerhof unten Räder dranmachen und die Adaption der urbanen Typologie ohne weiteres auch zum Rangierbahnhof hinausschieben.

Aus der Welt der Mysterien:

Das
endgültige Loch

Am liebsten wird in der Stadt während der Sommermonate gegraben. Abends träumt eine Straße, ein Gehsteig, ein Platz noch vollkommen unschuldig vor sich hin, am andern Früh türmen sich dort schon Erdhaufen, stecken städtische Arbeiter mit dem Kopf voran bis zu den Füßen im Sand, und fallen Mopedfahrer im freien Flug in die gut getarnten Fallgruben. Nürnbergs geheimnisvollste Tiefbaustelle scheint jetzt aber auch in den Herbstmonaten wieder geöffnet zu werden. Ein kleiner Bagger lauert schon mit seinen Schaufelrädern hinter einem Mauervorsprung am Unschlittplatz. Bald werden Bauwagen, fahrbare Aborthäuschen, Kompressoren, Kräne und Presslufthämmer folgen, und wir können dort wieder den Erdmittelpunkt besichtigen.

Seit Menschengedenken wird der Unschlittplatz aufgegraben und kurze Zeit später mit einer Endgültigkeit zugeschüttet, wie wenn nicht zwei Tage später schon wieder ein Suchtrupp käme mit seinem unbezähmbaren Drang in die Tiefe. Niemand weiß, warum. Wenn man einen Arbeiter fragt, was er hier macht, antwortet er wahrheitsgemäß: „Aafgroom demmer." Wann diese Aufgrabungsarbeiten begonnen haben, welcher zweckdienlicher Auftrag sich um sie rankt, ist nicht gesichert.

Ältere Anwohner erinnern sich dunkel, daß sie dieses Loch schon von Kindesbeinen an begleitet hat. Historiker mutmaßen über Kaiser Sigismund den Trostlosen (1394-1548) als Urheber. Bei wem derzeit die Schürfrechte liegen, ist ungewiß. Geklärt ist nur, daß dort etwa alle vier Wochen die Bauwagen wechseln, und sich dann wieder neue Erdforscher ans Werk machen.

Ein Tiefenwissenschaftler von der Alexander-Humbser-Universität hat im Zuge seiner Ermittlungsarbeiten für das Buch „Der Sumpf von Nürnberg" errechnet: Wenn nicht nach einer erfolgten Grabung immer wieder zugeschaufelt worden wäre, hätte das sagenumwobene Loch bereits eine Tiefe des vierfachen Erddurchmessers erreicht. Dadurch wird vielleicht auch klar, warum das Unschlittloch jedesmal wieder gefüllt werden muß. Es würden sonst die Tiefbauarbeiter nach dem Herauskommen auf der anderen Seite der Erde schon seit Jahren im Universum graben.

Einmal ist bei Grabungen aus Versehen ein Hauptversorgungskabel durchtrennt worden, sodaß in der Lorenzer Altstadt, Kontumazgarten, Deutschherrnwiese und Johannis der Strom unterbrochen war. Man hatte ursprünglich angenommen, diese Maßnahme und damit auch das Loch dienen der Energieeinsparung. Aber es ist dann doch zugeschüttet, wieder aufgegraben, zugeschüttet, erneut geöffnet und dann sogleich innerhalb eines Jahres das Kabel repariert worden.

Vor einigen Monaten soll ein städtischer Beamter rund um den Unschlittplatz das Gerücht gestreut haben, daß jetzt endgültig die Arbeiten abgeschlossen werden. Es ist ein dumpfer Aufschrei durch die Bevölkerung und die dort ansässigen Höhlenbewohner gegangen, eine Bürgerinitiative „Rettet das Unschlittloch" hat sich formiert, die Industrie- und Dunkelkammer und die Handbohrer-Innung haben aufs Schärfste protestiert. Es hat den Anschein, als könnten die Bewohner jetzt aufatmen. Das Loch soll letztinstanzlich in den Status des Gewohnheitsrechts erhoben werden. Außerdem steht es unter Denkmalschutz. Am Montag werden neue Bagger erwartet.

Wo ist denn der Beo?

Laut Brehms Tierleben gehört der Beo zur Familie der Rabenvögel. Im Fall einer düsteren Kriminalgeschichte, die sich in der Südstadt ereignete, gehörte der Beo außer zur Familie der Rabenvögel auch noch zur Familie des Sparkassenschalterbeamten Dieter L. Dieser Beo erfreute durch sein fröhliches Pfeifen und durch das vollkommene Beherrschen des Fragesatzes „Wo ist denn der Beo?" die Familie. Dieter L., seine Frau Gemahlin und die beiden Kinder standen häufig auf ihrem Balkon und brüllten in den Käfig des Beo hinein „Wo is denn der Beo?" Darauf erhielten sie stets die verblüffende Antwort: "„Wo is denn der Beo?"

Das interessante Frage- und Antwortspiel erregte auch die Aufmerksamkeit der Nachbarn. Als Herr Dieter L. an einem ansonsten sehr ruhigen und sanften Sonntagnachmittag etwa drei Stunden lang mit Inbrunst in den Käfig gebrüllt hatte „Wo is denn der Beo?" und stets die Antwort seitens des Beo erfolgte: „Wo ist denn der Beo?", da schrie ein gewisser Walter K. von der anderen Seite des Himnterhofs zurück: „Wennsd edzer nedd glei mid dein gschissner Babbageigschmarri aafheersd, nou konnsder dein Beo morng fräih in der Worschdfabrigg als Bressag abhulkn! Des häld doch ka alde Sau aus -

113

ganzn Dooch nerblous des 'wou isser denn der Beo, wou isser denn der Beo'!" Sekunden später wurden die Schimpf-tiraden des Nachbarn bereits mit einem herzlichen „Wo is denn der Beo?" beantwortet.

Zwei Tage später hat die Dauerfrage leider dahingehend beantwortet werden müssen, daß der Beo im Vogelhimmel weilt. Er ist früh tot in seinem Käfig gelegen. Die Todesursache hat auch von einem eigens bestellten Beo-Gutachter nicht vollständig geklärt werden können. Wahrscheinlich ist das gelehrige Tier an einer Überdosis Fragezeichen gestorben. Der der Tat dringend verdächtige Nachbar war über das Ableben des Rabenvogels zunächst sehr erfreut. Allerdings nur für kurze Zeit. „Iich liech oomds nu aweng aff mein Sofa", berichtete er vor Gericht, „hob es Wohnzimmerfensder offn, und aff amol hobbi dengd, iich heer nedd richdich - brilll dou scho widder suu a Viech vo driimer riiber 'Wou isser denn der Beo?' In anner Laudschdärge, Herr Richder, dassi gmaand hob, der Beo hoggd neber mir am Sofakissn."

Als der Walter ans Fenster rannte und den gegenüberliegenden Balkon beobachtete, war aber der Käfig leer und weit und breit kein sprechender Beo zu sehen. Der Walter glaubte schon an Wahnvorstellungen, denn als er sich wieder auf dem Sofa ausbreitete, drang der Schreckensruf erneut an seine Ohren: „Wo is denn der Beo?" Nach längeren Beobachtungen entdeckte der Walter, daß der Sparkassenbeamte Dieter L. mit einem Trichter am Mund ungefähr alle zehn Minuten den Ruf seines toten Vogels nachahmte. „Des hobbi mer", sagte der Walter, „drei Dooch lang oog'heerd, bis mer den Menschn-Beo sei Gschrei scho im Draum nouchganger is und nocherdla hobbi driimer bam Nachbern gschelld. Iich schwör'S Ihner, Herr Richder, iich bin mid friedliche Absichdn kummer. Obber wäi der Moo die Diir aafgmachd hodd und schdadds Griss Godd odder Gunoomd gsachd hodd 'Wo is denn der Beo?', dou hobbin wäi under einen geheimnisvollen Zwang zwaa aff die Waffl naafhauer mäin."

Der juristische Grundsatz „In dubio pro Beo" konnte in diesem Fall nicht angewendet werden und der Walter wurde wegen Körperverletzung zu einer Geldstrafe von tausend Mark verurteilt.

Spezialagent
Fledermaus

Manche Menschen drehen tagsüber Daumen, gießen Büro-
blumen oder sind energische Verfechter der Anschnallpflicht
am Schreibtisch, daß sie beim Einschlafen nicht vom Stuhl
fallen - und haben infolgedessen noch Kapazitäten frei, um der
Gesellschaft auf andere Art und Weise nützlich zu sein. Der
Zeitdieb Rudolf K. spitzt hauptberuflich Bleistifte in einer
Import- und Export-Firma und widmet sich nach Feierabend
der allgemeinen Rettung der Menschheit.
Mehr möchte er zu seinem scheints höhernorts erteilten Auftrag nicht preisgeben, denn er unterliegt der Schweigepflicht.
„Wos iich alles wass, Herr Richder", erläuterte der Agent
teilweise überirdischer Mächte, „dou drefferd Ihner aung-
bligglich der Schlooch, wenni Ihner des soocherd. Geecher
meine Aufdroochgeber, dou is der CIA a Kaffeegränzla dergeeng."
Man könnte auch sagen, der Geheimagent Rudolf K. hat einen
leichten Treffer. Doch daran leiden viele andere staatserhal-
tende Wesen auch, ohne daß sie gleich mit dem Gesetz in
Konflikt geraten. Auch vermutete das Gericht bei Herrn Rudolf K. die Kommandozentrale für seine mysteriösen Einsätze

nicht im überirdischen Bereich, sondern im Gebiet unterhalb der Gürtellinie. Rudolf K. beschattete fast ein Vierteljahr lang eine gewisse Frau Margot P., die insgesamt eine sehr aufregende Erscheinung ist und auch mit fast fünfzig Jahren einen hartgesottenen Geheimagenten in Schwingungen versetzen kann.

Einen Monat lang hatte sich die Margot über den völlig unauffälligen Herrn mit dem grünen Kampfanzug, dem Barrett auf dem fast kahlgeschorenen Kopf und dem Sprechfunkgerät in der Brusttasche wundern müssen.„Fledermaus an Schdeinadler, bidde kommen", flüsterte der Rudolf seiner Zentrale über Sprechfunk zu, „verdächdiche Berson iibergweerd die Roodnburcher Schdrass. Einkaufsdasche in der Hand. Geeichned für Schbrengschdoffdransbord."

Oder er flehte dringend: „Fledermaus an Schdeinadler! Fledermaus an Schdeinadler! Bidde kommen, bidde kommen! Verdächdiche Berson flüchded mid Schdrasserboo in Richdung Blärrer. Erwarde neue Befehle." In diesem Fall stieg die Margot wieder aus der Straßenbahn und teilte ihrem Beschatter einen neuen Befehl wie folgt mit: „Sooch dein Schdeinadler an schäiner Gruß - wenni di edzer nu aamol derwisch mid dein Gschmarri, nou haui der dei bläids Miggrofon in Hals ninder, daß dei Diggdarm maand, er is Nachrichdnschbrecher!"

Danach sah die Margot ihren Geheimagent erst als Nachtwächter wieder. Der Rudolf kauerte am Schlafzimmerfenster der verdächtigen Person und meldete an Steinadler ein seltsames Stöhnen. „Des hodd suu klunger", sagte die Margot vor Gericht, „wäi wenns wos Sexuelles gween wär. Iich bin halmi naggerd gween. Nou hobbi mer gschwind mein Boodmandl driiberzuung und bin nausgrennd. Nou heeri grood nu, wäi der in sein Funk nei sachd, 'Fledermaus an Schdeinadler, bidde kommen, bidde kommen'. Obber iich wass scho, wos dera Wildsau vo aner Fledermaus kummer hädd solln."

So ähnlich sah es auch der Amtsgerichtsrat und verurteilte den Spezialagent Fledermaus alias Rudolf K. wegen Spionage im Schlafzimmer zu einer Geldstrafe von 900 Mark. „Des werd den worschd sei", meinte die Margot nach dem Urteil, „wall däi neunhundert Marg zoohld doch den sei Schdeinadler dou droomer mid links."

Im Wartezimmer

Der Aufenthalt im Wartezimmer einer Arztpraxis ist in vielen Fällen sehr interessant. Man kann während der kleinen Verweildauer von eineinhalb Stunden das Journal „Gesundheitsbrevier" auswendig lernen, die Blumen auf der Blümchenmustertapete zählen und untersuchen, ob die Gesamtsumme durch drei teilbar ist, oder anderen wartenden Patienten lauschen, wie sie sich über die Heilungsmethoden einer chronischen Zwerchfellpneunomie, einhergehend mit einer Dünndarmverschlingung und andere medizinische Wunder, unterhalten. Ein Wartezimmeraufenthalt ist immer lehrreich.

Dem Herrn Helmut L. ist in einem Wartezimmer gelehrt worden, daß man auf keinen Fall die Geduld verlieren darf. Es endet sonst vor dem Amtsgericht, was einem Heilungsprozeß nicht dienlich ist.

Dieser Helmut hat wegen einer umfassenden Untersuchung unter anderem eine kleine Urinprobe anfertigen sollen.

Nach etwa einer Dreiviertelstunde sind ihm einige Tropfen gelungen, und er ist mit der kaum bodenbedeckten Plastikschüssel stolz vor der Theke des weiblichen Sprechstundenfeldwebels Karin gestanden. „Frollein", sagte der Helmut, „iich hädd edzer dou in des Schissala aweng nei..." Da läutete das Praxis-Telefon, das Fräulein Karin hob ab und säuselte mit einem verklärten Gesichtsausdruck: „Allmächd, du bisders, mei Kuschlbär. Wäi gäids dern? Allmächd naa, is des gesdern schbeed worn. Bisd du häid fräih aa suu hundsschdaamäid gween, Bäri-Bausi?"

Herr Helmut F. verfolgte zunächst das Gespräch der Sprechstundenhilfe mit ihrem Bären von einer Maus sehr interessiert, verlor dann aber nach etwa einer Viertelstunde doch ein bißchen die Geduld. „Am libbsdn", flötete die Karin, „Wääri edzer scho widder ba dir, mei Bärla." „Und iich", gackerte da der Helmut dazwischen, „wäär edzer am libbsdn mid mein Brunzkiiberla bam Herrn Doggder, Frollein!"

Worauf ihn die Praxis-Oberbefehlshaberin anherrschte: „Sie werrn ja wohl amol a Minuddn warddn kenner... Naa, nedd du, mei Schmusibusi", hauchte sie in die Muschel, „du mousd doch nedd warddn ba dein Budzi, mei Bärla."

Ganz hinten in der langen Schlange wartender Patienten wimmerte eine ältere Dame: „Kennd iich vuurher drookummer, Frollein? Iich hob widder suu arch Wasser in die Baaner." „Und iich", brüllte der Helmut, „hald mei Wasser edzer scho seidera halm Schdund in der Händ! Wäi häddmersn dou!? Mir kenner doch ned warddn, bis dei brümfdicher Bär am Dellefon es brummer oofängd!"

Bei diesen Worten riß der Helmut das Telefonkabel aus der Wand, schüttete aus Versehen seine Urinprobe in den Ausschnitt der Sprechstundendame Karin und beschimpfte sie als „aafblousne Waddezimmerschnalln".

Wegen Beleidigung in Tateinheit des Mißbrauchs einer Urinprobe wurde der Helmut zu einer Geldstrafe von 1400 Mark verurteilt. „Iich häddera", murmelte der Helmut, „fiir ihrn Bärn gleich anne am Baggn naafhauer solln. Des wär nou aff Kranknschein ganger."

Die Suche nach dem Fräskopf

Dadurch daß Nürnberg, wirtschaftswissenschaftlich mehrfach gesichert, seit einiger Zeit nicht mehr am Arm der Welt liegt, sondern der Nabel des Universums ist, herrscht eine große Knappheit an Arbeitskräften. Die Nürnberger Bundesanstalt für Arbeit hat neben vielen anderen wichtigen Berechnungen auch erforscht, daß der Arbeitsplatz eines Fachverkäufers in einem Baumarkt derzeit nur von 0,51 Menschen besetzt werden kann. Es wird sich dabei wahrscheinlich um einen Rumpfverkäufer handeln.

Diese Berechnung hat sich während einer Verhandlung am Amtsgericht als vollkommen richtig herausgestellt. Der Baumarktkunde Herbert S. ist wegen versuchten Auseinanderreißens eines Facharbeiters angeklagt gwesen. Herbert S. ist Schwarzarbeiter von Beruf und hat an einem Samstag wegen dem dringenden Bedürfnis nach einem Fräskopf für seine Schlagbohrmaschine einen Baumarkt aufgesucht. Die Suche nach einem Mitglied des Verkaufspersonals war sehr langwierig.

Endlich ist Herr Herbert S. in einer Clodeckelabteilung vor

jemand gestanden, der in einen grauen Arbeitsmantel gekleidet war, einen Bleistift hinterm Ohr und einen allwissenden Gesichtsausdruck gehabt hat. „Endschulding'S biddschenn", sagte der Herbert, „ob Sie wissn, ob iich gern amol a Frooch hoom mecherd, daß dou an Vierazwanzger Fräskubf gibd? Ewendwell, wenn's nix ausmachd?!" Der Mann mit dem Bleistift hinterm Ohr antwortete nicht, denn er war eine Schaufensterpuppe, die für graue Arbeitsmäntel Reklame machte. Dann hatte der Herbert wieder einen Fachverkäufer vor sich. Er war allerdings schon mit einem anderen Herrn in ein Gespräch über Badezimmertapeten vertieft. „Blouß amol a Frooch gschwind", sagte der Herbert, „sin Sie dou fiir Fräsköbf zuschdändich?" An dieser Frage nahm der andere Kunde, der mit einem ziemlich dicken Kopf ausgestattet war, aus persönlichen Gründen Anstoß. „Iich glaab, daß dir die Lufd nedd goud doud!", schrie er zurück, „Dir Aff werri glei an Fresskubf geem. Du braugsd grood wos soong mid dein roudn Gimbl. Läiber a Fresskubf wäi a Saufkubf!!"

Der Herr, der sich den Fräskopf vom Herbert mit einem Freßkopf verwechselt hatte, zog den Fachverkäufer am Mantel in den nächsten Gang. Daraufhin zog ihn der Herbert an den alten Standort zurück und sagte: „Seid anner Schdund souch iich dou an Verkäufer. Du maansd gwiss, weecher deine Scheiß Dabeedn schdellns Dir an bersönlichn Begleider zur Verfüüchung. Iich will edzer wissn, wou die Fräskebf sin! Obber awweng bledzlich!"

Während dieser Äußerungen soll der Fräskopf-Käufer Herbert S., nervlich schon etwas angespannt, den einzigen Fachverkäufer weit und breit im Polizeigriff und unter unflätigen Äußerungen in Richtung Eisenwaren- und Werkzeugabteilung abgeführt haben.

Wegen Beleidigung in zwei Fällen und der versuchten Halbierung eines Baumarkt-Verkäufers wurde der Herbert zu einer Geldstrafe von 600 Mark verurteilt. „Des is wäi innern Baumargd", merkte der Angeklagte zum Schluß noch an, „ka Fachbersonal, vo Duudn und Blousn null Ahnung. Obber wenns ums Zoohln gäid, nou seider dou middn Häggla." Mit dieser Äußerung handelte sich der herbert eine zusätzliche Ordnungsstrafe von 200 Mark ein.

Aus der Welt der Argumente:

Stahlruten und Fahrradketten

Geistig hochstehende Menschen wie Skin-Hetz, Regierungs-
direktoren oder Minister leiden zur Zeit wieder an schwerer
Platzangst und schreiben deswegen in internen Dossiers oder
auf Geheimbrückenpfeilern, daß Ausländer raus müssen. Es
ist eine durch und durch christliche Forderung. Denn wenn
hier zuviele Ausländer sind, verlieren wir den Überblick und
kommen mit der bereits von Jesus geforderten tätigen Nächstenliebe schon gar nicht mehr nach.
Bevor die Ausländer jetzt also dann mit Gott und mit ein paar
Brandsätzen im Rücken verschwinden sollen, muß in unserem
schönen fränkischen Franken lediglich noch schnell geklärt
werden, wer alles unter das Ausländer-Rausgesetz fällt. Neben den Schriften des christlich geprägten fränkischen Schrift-
stellers J. Streicher über die Durchrassung eines Volkes können uns dabei auch die wohldurchdachten, wissenschaftlich
fundierten und hervorragend formulierten Argumente der
jungen Heimatschützer und Nachwuchsnationalisten sehr sachdienlich sein.
Schon allein ihre Fallschirmstiefel, Handkanten und form-
schön gespitzten Fahnenstangen sprechen eine deutliche Sprache. Auch wohnt gemäß den alten Griechen in einem gesun-

121

den, hygienisch einwandfrei rasierten Kopf, stets noch ein gesunder Geist, wie etwa Zwetschgengeist, Himbeergeist oder Schlehengeist.

Auf die Frage, warum Ausländer raus müssen, inwieweit sie grob fahrlässig gegen unser Schönheitsideal vom fleißigen, lieblichen, kurz vom vollkommenen Deutschen verstoßen, und wie sie uns durchrassen möchten, hat ein vierzehnjähriger, besonnener Herrenmensch geantwortet: „Mechersd Fodzn, äi?!" Prägnanter kann man es fast nicht mehr ausdrücken.

An einem Hort der nationalen Selbstbesinnung, wo der fränkische Kopf stündlich von circa fünfzehn Pils erhellt wird, kann man weitere Nachforschungen anstellen. Etwa, ob ein fränkischer Mensch, dessen Familie vor vielleicht 500 Jahren von einem abartigen Böhmen, Zigeuner oder Polen durchrasst worden ist, jetzt noch als inländischer Franke eine Gültigkeit hat. Der Fragesteller wird hierauf von einem Blockwart im Tarnanzug und einem herrlich gleißenden Stilett in der Hand unterrichtet: „Waffl, Alder! Sunsd schdecher di oo wäi a Sau!" Wiederum ein außerordentlich stichhaltiges Argument, dem man sich nicht verschließen sollte. Auch die Debatte, was und wo eine Heimat ist, kann im trauten Kreis von Stahlruten, Fahrradketten und aufgebohrten Tränengaspistolen in aller Offenheit debattiert werden.

So hat ein Zweijähriger, in Schoppershof geborener Alt-Schlesier aufgrund seines Ururgroßvaters entschieden ein deutsches Heimatrecht auf wenigstens einige Dörfer, Städtchen und Ländereien rund um Wroclaw. Ob jetzt ein Pole in Polen Ausländer ist, ein deutscher Ausländer Inländer und dann statt raus rein muß? Ob ein Nürnberger, der wegen des Niedrigpreisangebotes von Karpfen Müllerin Art in Fürth schwarz über die Stadtgrenze wechselt, als Wirtschaftsflüchtling eingestuft und im Gasthaus "„Walhalla" per Schub zurückgewiesen werden muß? Oder gar die Frage, ob Menschen irgendwie gleichartig sind?

Auch darüber erhielten wir vom Sprecher des deutschen Artenschutzverbandes „Ich liebe Deutschland e.V.", Gau Mittelfranken, eine zufriedenstellende Auskunft. Er lallte: „Wennsd anne in die Läädschn willsd, braugsders blouß soong!" Von weitem dankten wir für das Gespräch.

Tiere haben keine Lobby

Tiere sind keine wichtigen Wählerstimmen

Tiere leiden unter Menschen

Wir Tierschützer fordern Mitgefühl
und Verantwortung für das Tier!

Bitte unterstützen Sie unsere Arbeit
durch Ihre Mitgliedschaft oder Spende!

**Tierschutzverein Nürnberg-Fürth
und Umgebung e.V.** gegründet 1839

Geschäftsstelle und Tierheim Stadenstraße 90
8500 NÜRNBERG · **Telefon 0911/592077**

Konto-Nr. 1064 540, Stadtsparkasse Nürnberg

Diese Anzeige wurde finanziert von

ALPHA HAUS UND GRUNDSTÜCK GMBH
Aufseßplatz 19 · 8500 Nürnberg 40 · Tel. (0911) 43 60 66)

Aus der Welt der Politik:

Was ist Demokratie?

Wer daheim am Küchenbüffet oder unterm Brotkasten einen rechtskräftigen Wahlschein liegen hat, gehört jetzt wieder zu den wesentlichen Menschen im Land. Er ist Wähler und kommt deshalb in den vollen Genuß des passiven Wahlkampfs. Die Damen und Herren Abgeordneten schütten über uns ihr Füllhorn aus, daß wir von all den angekündigten Wohltaten schwer beschämt sind und feierlich geloben: „Es bricht mir fast das Herz, wie gut du zu mir bist, mein Wohltäter, ich wähle dich."

Jeder kümmert sich um uns. Der gesamtdeutsche Bundeskanzler persönlich schüttelt dir anläßlich eines Besuchs in der Stadt am Hauptmarkt die Hand mit der Einkaufstasche mit einer Heftigkeit und Frequenz, daß aus der in der Tasche befindlichen Milch innerhalb von Sekunden EG-Butter oder gar Quark wird, und er verspricht unter starkem Schütteln, daß er sich gleich nächste Woche einmal unsere Gehaltsabrechnung vornehmen wird und gegebenenfalls unseren Vorgesetzten um Aufbesserung anruft.

Der Ministerpräsident will unsere Nöte auf dem Gebiet der Bierpreiserhöhung lindern, der Oppositionsführer spricht uns auf der Straße an und umarmt uns wie einen verlorenen Sohn, der auf dem Weg zurück in den Schoß der Partei ist, und der Spitzenkandidat besucht uns daheim, um sich nach dem werten Wohlbefinden der wahlberechtigten Familienmitglieder zu erkundigen.

Er läutet zu einem außerordentlich günstigen Zeitpunkt an der Tür, wo wir gerade in der Badewanne liegen, in der Tiefe des Wassers die Seife suchen, das Telefon zwitschert, der Teekessel pfeift und die Kinder wie am Spieß brüllen, weil sie den Goldhamster beim Schwimmunterricht aus Versehen in die Closchüssel geworfen haben. Mit der durchweichten Zeitung vor unserer kleinen Blöße stehen wir vor unserem Spitzenkandidat und erläutern ihm, daß er ein Rimbfiech ist. Er erwidert in vollkommener Ruhe: „Mein Herr, Sie haben wie immer recht, aber die Sachzwänge lassen mich und meine ansonsten schöne und reine Partei an gewissen Kompromissen nicht vorbei. Wir haben stets ihr Wohl im Auge." Wir haben Haar-Shampoo im Auge, das furchtbar brennt.

Auf unsere Frage, ob er nicht verschwinden könnte, verwikkelt er uns in einen einseitigen Dialog über die Stabilität der Agrarpreise unter Berücksichtigung des mittelfränkischen Pro-Kopf-Einkommens. Anschließend singen wir gemeinsam „Gott mit dir du Land der Bayern".

Zum Zeichen seiner tiefen Freundschaft überreicht er uns beim Abschied wertvolle Geschenke wie einen zweifarbigen Radiergummi mit den Initialen der staatstragenden Partei, weißblaue Windrädchen, Kugelschreiber, Eukalyptusbonbon und ein Puzzle vom Landesvater.

In der Nacht des Wahlsonntags schwindet das Gedächtnis des Spitzenkandidaten. Vergeblich versucht er sich daran zu erinnern, daß er uns eine samtausgelegte Acht-Zimmer-Wohnung versprochen hat, einen persönlichen U-Bahneingang und die sofortige Beseitigung des Ozonlochs. Infolge der bereits erwähnten Sachzwänge taucht unser nachweisbar bester Freund in das Dunkel des bayerischen Landtags. Von wo er erst nach vier Jahren wieder an das Licht des Alltags drängt und uns mit seinem unwiderstehlichen Lächeln von den Plakatwänden herab um seine Ernennung zum Mandatsträger bittet. Wir freuen uns sehr, daß er von seinem vierjährigen Gedächtnisschwund wieder geheilt ist und wählen ihn. Es ist das uralte Prinzip der Brauchtumspflege. Wenn man jemand braucht, dann erinnert man sich und pflegt ihn. Diesen Vorgang nennt man auch Memokratie.

Der indische Rauhhaarhamster

Viele Menschen kennen sich mit der Aufzucht von Haustieren aus. Zu ihnen gehört der Bilanzkaufmann Sigi A. aus der Nordstadt nicht. Er ist, was die gekonnte Kreuzung von einem English Bullbeagle und einem ungarischen Steppenhund betrifft, oder das zuchtgerechte Kupieren von Ohren und Schwänzen, eine vollkommene Niete. Ein gewisser Gerhard S. hat diese Schwäche ausgenützt und ist jetzt wegen Betrug vor Gericht gestanden.

Dem Herrn Sigi A. ist im Mietvertarg ausdrücklich die Beherbergung von Hunden, Katzen, Schlangen, Menschenaffen und fliegenden Fischen untersagt gewesen, aber er hat sich abends in seiner Wohnung nach einem Lebensgefährten gesehnt. Als ihm aus der Nachbarschaft der Gerhard einen jungen Hund anbot, klagte ihm der Sigi sein Leid mit dem Mietvertrag und lehnte mit großem Bedauern ab.

Zwei Tage später hatte Herr Gerhard S. aber schon eine Lösung. Er könne ihm für nur fünfhundert Mark einen jener außerordentlich seltenen indischen Rauhhaarhamster verkaufen, der sich zur Zeit zufällig bei ihm aufhält. Von einem Hamsterverbot war in dem Mietvertrag keine Rede. „Nou hobbi mer", sagte der Sigi in der Verhandlung, „an schäiner Käfich kaffd, Körnla zon Füddern, und mein Hausherrn hobbi sugoor gfrouchd, obber wos geecher Hamsder hodd. Und nocherdla hobbi mein indischn Langhaarhamsder g'hulld. Fridzilein hodder g'hassn, Herr Gerichdsdireggder."

Hamsterkenner hätten vielleicht bemerkt, daß der Fridzilein für einen Hamster außer entschieden zu teuer ein bißchen zu groß und zu träge war. Auch verschmähte der indische Rauhhaarhamster von vorneherein die Kleiekörner. Nach drei Wochen war er so groß wie zehn Hamster, fraß mit Vorliebe ganz feingehackte Rindsleber und äußerte sich mit Lauten, die irgendwie nach Bellen klangen. „Ich hob zeerschd dengd", sagte der Sigi, „daß mei Fridzilein vielleichd Hormonschdörungen hodd. Und nou binni zon Dierarzd ganger, dassern a Schbridzn gibd."

Der Tierarzt teilte dem Besucher mit, daß der Fritzilein kerngesund ist, daß er keine Aufbaupräparate und keine Spritze braucht und daß er eine äußerst interessante Mischung aus einem Dobermann, einem Neufundländer und einem Rauhhaardackel ist. Schon in zwei Monaten, wenn er seine Kampfhöhe von einem Meter erreicht hat, wird er richtig bellen können. Als der Hausbesitzer kurze Zeit später, alarmiert durch ein markerschütterndes Trompeten beim Sigi an der Tür läutete, stand ihm ein Ungeheuer von einem Hochhund gegenüber, das ihn vor Freude in die Hand biß. „Des is mei glanner Hamsder", sagte der Sigi, „der doud nix." Daraufhin sollte er binnen vier Wochen die Wohnung räumen.

Herr Gerhard S. wies jegliche Schuld und Verantwortung von sich, räumte aber ein, daß es indische Rauhhaarhamster nicht gibt und daß fünfhundert Mark selbst für einen herkömmlichen Hamster ein klarer Fall von Tierwucher seien. Er wurde wegen Betrug zu einer Geldstrafe von 1500 Mark verurteilt. „Obber wenn der suu bläid is, Herr Richder", sagte er, „dou koo doch iich nix derfiir. Den häddi doch aa a Eierhandgranoodn als Larvn von anner griechischn Landschildgröödn verkaafn kenner!"

128

Autofahren gefährdet die Gesundheit

Neben dem Rauchen, vor dem der Bundeslungenminister ständig warnt, kann auch ein Verkehrsunfall die Gesundheit gefährden. Obwohl es auf Autos nicht abgedruckt ist. Am gefährlichsten überhaupt ist Rauchen und Autofahren zusammen. Bei Raucher und Autofahrer Erich L. ist zur Vervollständigung einer interessanten Gesamtkatastrophe noch das Trinken dazugekommen.

Er hat sich aber vor Gericht entschieden geweigert, die Zerstörung einer Telefonzelle, eines Autos, das Einsperren eines Menschen, sowie den vorübergehenden Verlust seines Gedächtnisses als die Folge von ungefähr 13 Glas Bier anzuerkennen. Schuld sind die Hersteller von Zigarettenanzündern, die an ihre Geräte zum besseren Zielen Kimme und Korn anbringen müßten.

Erich L. ist an einem jener Tage, wo schon alles zusammenkommt, nach Feierabend im Wirtshaus gesessen. Neben dem Ärger im Geschäft, einigen dritten Mahnungen, zwei gebührenpflichtigen Verwarnungen und die Aussicht auf ein interessantes Gespräch daheim mit dem Hausbesitzer über die Problematik des Mietrückstandes, sind dort noch nach Aussage des Kellners diese dreizehn Glas Bier zusammengekommen. Angeblich hat das Bier aber keinerlei Beeinträchtigung dargestellt. „Obber der Scheiß Zigareddnoozinder", sagte der Erich in der Verhandlung, „des woor mei Undergang." Während der Fahrt durch die Bayreuther Straße schob sich der Erich eine Zigarette in den Mund und betätigte den Anzünder. „Erschd hobbis goornedd gmergd", erinnerte er sich. „Iich zäich und zäich an der Zigareddn - und aff aamol denki mer, dou schdingds wäi nachern verbrenndn Fleisch. Hobbi aus verseeng mei Noosnschbidz oozind! Und nou hodds an Schlooch dou, mehr wassi nemmer."

Der Schlag rührte daher, daß der Erich beim Anzünden seiner Nase die Gewalt über sein Auto verlor und ein am Gehsteig im Weg stehendes Telefonhäuschen rammte. Im Inneren des Telefonhäuschens befand sich Herr Reinhold L., der seiner Gattin gerade fernmündlich mitteilte, daß er in zehn Minuten daheim ist. „In den Momend", erinnerte sich der Zeuge, „is der mid vuller Wuchd aff die Diir vom Dellefonhaisla draffbrummd, daß nemmer aafganger is. Iich hob meiner Frau grood nu soong kenner, dassi woorscheins doch schbeeder kumm."

Reinhold L. beobachtete, wie aus dem Auto ein Herr kroch und die Flucht ergriff. „Iich hob nu gschriaa", sagte er, „dasser sei Audo widder wechfoohrn soll, walli raus will. Obber des hodd den ibberhabbs nedd indressierd." Der Erich wurde erst am anderen Tag von der Polizei in seiner Wohnung angetroffen. Wo er die Nacht verbracht habe, wollte der Richter wissen. Keine Erinnerung, sagte er, vermutlich ein schwerer Schock. Und der Reinhold merkte an: „Woorscheins isser zur freiwillichn Feierwehr vo Buchnbühl nausgrennd, sein Gimbl löschn."

Wegen Trunkenheit, Fahrerflucht, Körperverlezung und Sachbeschädigung wurde Erich L. zu 18 Monaten Führerscheinentzug, sechs Monaten mit Bewährung und einer Geldbuße von 5000 Mark verurteilt. „Es nexd Mool", sagte der Reinhold zu dem Amok-Raucher, „Wennsd widder bsuffn im Audo raung willsd, nou schäibsder hald die Zigareddn glei in die Noosn nei."

Die Moral
im Hinterhof

Bekanntlich kann der Frömmste nicht in Frieden seine Notdurft verrichten, wenn es dem bösen Nachbarn nicht gefällt. Dieses große Wort von Friedrich Schiller kann auch die Hausfrau Lina K. aus Gibitzenhof bestätigen, die im vierten Stock eines Mietshauses wohnt und auf dem Heimweg vom Einkaufen von einem starken inneren Überdruck überrascht worden ist. Sie hatte im Treppenhaus bereits den ersten Stock erreicht, stellte dort aber in schwerer Panik fest, daß sie es zum rettenden Ufer im vierten Stock wahrscheinlich nicht mehr schafft, und trippelte deswegen mit ganz kleinen, vorsichtigen Schritten in den weitaus näheren Hinterhof. Dort wurde sie von dem blockwartähnlichen Hausverwalter Wilhelm T. gestellt.

Der auf Sauberkeit und Moral im Hinterhof sehr bedachte Hausmeister hat sich jetzt wegen verschiedener An- und

Auszüglichkeiten vor dem Amtsgericht verantworten müssen. „Iich hob mi", schilderte die Lina ihren Geschäftsverlauf, „exdra hinder die Kehrichdaamer g'hoggd, daß mi kanns sichd. Mir hodds deroordich bressierd, daß mi ball zrissn hädd, Herr Richder."

Die Erleichterung kurz vor den schon herausgepressten Augen kauerte die Lina hinter den Mülleimern, als plötzlich ein großer Schatten über sie fiel. „Ja wen hommer denn dou?!", ertönte von oben die Stimme des Herrn des Hinterhofs, „die Nachbari vom värddn Schduug! Hom'S a Fimbferla verluurn, gnä Frau, walls dou ummernandergrabbln?"

Die Lina wurde ganz weiß im Gesicht, betrachtete angestrengt den Boden des Hinterhofs und sagte kein einziges Wort. „Iich hob nou", teilte sie dem hohen Gericht mit, „gschwind zammzwiggd und mei Underhuusn widder naafzäing wolln. Obber nou is der Grobian erschd richdi bambich worn." Der Wilhelm entriß Lina den Slip und schrie: „Dir Schnebfn werri scho helfn! Suu eine Dreegsau! Mei Huuf is doch ka Abboddhaisla! Edzer bleibsd genau in dera Schdellung dou hoggn, bis die Bollizei kummd!"

Ohne einen Blick nach oben zu wagen, sagte die Lina: „Geem'S mer serfordd mei Underhuusn widder!" „Däi is be-schlaachnahmd", meldete der Hausmeister, „däi gräichd die Bollizei als Morbus Deligdi, odder wäi des hassd. Dou werd Ihner nou es Rumschbridzn in mein Hinderhuuf scho vergäih."

Die Diskussion zwischen dem hocherhobenen Hof-Kom-mandeur und der immer noch knapp über dem Boden hockenden Nachbarin zog sich ungefähr zwanzig Minuten hin. In ihrem Verlauf soll Wilhelm T. der Lina unter anderem auch den Rock nach oben geschoben und mit einem seltsamen Schimmer in den Augen Reklame für seine eigene Sprinkleranlage gemacht haben. Was ein Zeuge aus dem Erdgeschoß, der die vorläufige Festnahme eines Springbrunnens hinterm Vorhang beobach-tet hatte, bestätigte.

Wegen Belästigung einer kurz vor der Explosion befindlichen Nachbarin wurde Wilhelm T. zu einer Geldstrafe von 2400 Mark verurteilt. Für die anschließend zu laut geäußerte Kommentierung „Brunskunnl, bläide!" verfügte das Gericht noch über eine Ordnungsstrafe von 200 Mark.

132

Verzauberte Weckla

Obwohl es meistens nicht schwer wiegt, erscheint uns das fränkische Fleischküchla - auch Boulette, Frikadelle, Fleischpflanzl, Big Mac oder Doppelwhopper genannt - oft als ein gravierendes gastronomisches Problem. Nämlich umgehen Wirte die Vorschriften der deutschen Hackfleischverordung elegant dadurch, daß ihre Fleischküchla aus eingeweichten Semmeln bestehen und aus sonst nichts. 'Verzaubertes Weckla' wird diese vegetarische Variante des Fleischküchlein auch genannt.

Wegen dieser ganz und gar nicht brotlosen Kunst, aus nichts einen hohen Reingewinn zu machen, ist es zwischen dem Innenstadt-Gastwirt Helmut S. und dem Fleischküchlein-Gelehrten Werner B. zu einer erbitterten Auseinandersetzung gekommen. Es hat vor dem Amtsgericht aber nicht nur geklärt werden müssen, aus wieviel Brötchen, Eiern, Zwiebeln und Hackfleisch ein original Nürnberger Fleischküchlein bestehen darf.

Werner B. war unter anderem wegen einer leichten Körperverletzung, Nötigung und Abdichtung eines Gastwirtes angeklagt. „Des mäinsersi amol vuurschdelln", sagte der Angeklag-

133

te vor Gericht, „a aanzigs Fleischkichla mid Kaddofflsalood - dou hodd der Halsabschneider vonnern Wegglasbeggn fei vierzehn Marg und achzg Bfenning verlangd. Der Kaddofflsalood hodd wäi a Gneedgummi gschmeggd, und des Fleischkichla nach Seechschbee."

Als dem Werner das Sägespän-Bällchen auf Knetgummi sowie zwei hauchdünne Streifen eines sehr widerstandsfähigen Holland-Paprika serviert wurden, brüllte er kurze Zeit später schon nach dem Schöpfer des Hungermahles. „Hosd du", schrie er den herbeigeeilten Wirt an, „hosd du scho amol wos dervoo g'heerd, daß innern Fleischkichla aa a Fleisch nei g'herrd?! A banierds Weggla fiir fuchzeha Marg - des lou iich mir vo dir Bedrüücher nedd gfalln. Iich hob a Fleischkichla bschdelld und ka Gniedla aus Semmlbräiserla!"

Daraufhin wandte der Wirt ein, daß seine Fleischküchlein sehr wohl Fleisch enthielten und von den Gästen allgemein gelobt werden. Sogar in Boston/USA hätte er einen Kunden, der jedes Jahr nur wegen seiner Fleischküchlein aus den Vereinigten Staaten nach Nürnberg komme. „Erschdns", sagte der Werner, „konni edzer nedd nach Ameriga foohrn und den Moo froong, obber vieleichd a Hornhaud in der Goschn hodd, und zweidns grausds an Ami bekanndlich vuur goornix."

Erneut pries der Wirt seine anscheinend weltweit bekannten Frikadellen. „Wenn des asuu is", brüllte plötzlich der Werner, „nou fress doch selber, deine Scheiß Fleischkichla!" Mit zwei kurzen Griffen überwältigte er den Helmut, drückte ihm mit der einen Hand den Mund auf, mit der anderen stopfte er ihm das Baguette Surprise in den Rachen. „Schmeggsd edzer", schrie der Werner den schwer würgenden Helmut an, „daß in dein Fleischkichla ka Fleisch drinner is?!"

Der Helmut wollte schon antworten, brachte wegen Mundverstopfung aber statt Worte nur Essensreste raus. „Ooschbodzn aa nu!", wurde der Werner laut und schmierte dem Wirt eine. Wegen Körperverletzung und der erzwungenen Einnahme eines Semmelburgers wurde der Werner zu einer Geldstrafe von 1400 Mark verurteilt. „Iich derf ja frouh sei", sagte der Wirt danach, „daß der Moo nedd a Grillbfanner für vier Bersonen beschdelld hodd. Der hädd mi ja bis zu die Zeha noo ausgschdobfd wäi an Deddibär."

Aus der Welt der Freizeit:

Töpfern, Tanzen, Trockenangeln

In uralten Zeiten, an die sich fast kein Mensch mehr erinnern kann, war es am Samstag nachmittag der Brauch, daß man sich waagrecht auf ein sogenanntes Kannapee gelegt und den Wolken draußen vorm Fenster bei der Arbeit des Dahin- und Daherziehens zugeschaut hat. Im Radio ist ein Clubsieg vom Josef Kirmaier drangekommen, danach eine einschmeicheln- de Musik von Friedel Hensch und den Cypris, Sekunden später hat ein Geräusch wie von einem Betonrüttler das ganze Viertel erfüllt. Wir haben geschnarcht. Aus Rücksicht auf die Nach- barschaft aber hin und wieder einen Schalldämpfer in Form einer Flasche Bier vor den Mund gehalten.

Für solche befriedigenden Tätigkeiten haben wir heutzutage aber leider keine Zeit mehr, denn es herrscht über uns bereits ab Freitag nachmittag die Freizeit mit ihren mannigfachen Forderungen. Welche Arbeiten wir in ihr verrichten müssen, wird uns im Katalog der Nürnberger Freizeitmesse mitgeteilt. Es beginnt mit Autowaschen, Wachsen, Polieren, Ein- balsamieren und Ölwechsel. Anschließend begeben wir uns in einen Selbstverteidigungskurs zu 150 Mark pro Monat, hecheln in die Volkshochschule, wo wir Kisuaheli lernen und falten hernach geschwind noch unseren Fallschirm vorschriftsmä- ßig, daß wir am anderen Früh beim ersten thermischen Auf- wind mitten im schönsten Paragliden nicht auf die Goschn fliegen.

Im Mistbeet warten schon die Radieschen auf den Kunden- dienst, die Scalare im Südsee-Aquarium müssen mit Frisch- Amöben versorgt werden, und in einer Stunde macht der Bau- markt zu, wo ein Sonderangebot Nut- und Federbretter auf uns sehnsüchtig harrt, mit denen wir uns im Hobbykeller erstens eine finnische Sauna basteln und zweitens das Kellerfenster durchstoßen. Das Joggen zum Baumarkt verbinden wir mit einem Gang ins Fitness-Center, modellieren danach eine Laubfroschherde für den selbstgebohrten Gartenbrunnen, töpfern eine Tonvase in der Formgebung des perikleischen Zeitalters, setzen unser Quellenstudium zur Geschichte der zweiten Lautverschiebung fort und bemerken, daß uns zum Knüpfen eines ostfränkischen Fleckerlteppichs kaum mehr Zeit bleibt. Weil wir nämlich für den Bauchrednerkurs im Selbstversenkungszentrum unsere Hausaufgabe nicht gemacht haben. Auch muß der Katamaran gestrichen werden.

Erschöpft kriechen wir nachts um zwei Uhr ins Biobett, das wir um vier Uhr wieder verlassen, weil wir in unserem Heimplanetarium um diese Zeit die Saturnringe in vollkommener Tiefenschärfe beobachten können. Während des mehrfachen Beugens und Streckens des Deltamuskels sinnieren wir, ob wir einen kleinen Teil des Sonntags beim Trockenangeln, Freeclimben, Einradfahren, Eisgehen, beim Hundeschlittenfahren oder lieber doch mit Bauchtanzen verbringen sollen.

Da kommt die Ehefrau völlig unkenntlich im Neoprenanzug und Hartgummihütchen zur Tür herein und spricht dumpf aber bestimmt durch den Schnorchel: „Dou di gscheid eifeddn, mir schwimmer haid zur Schleuse Riedenburch!" Eigentlich wär nachmittag Stemmerschoppen bei Frank Zwiebelberg, und auch den Sonnenuntergang im Solarium werden wir jetzt nicht beobachten können.

Gottseidank geht am Montag früh die Arbeit wieder an, wo wir uns bis zum Freitag nachmittag entspannen können. Dort am Schreibtisch sollen wir auch dankbar drüber nachdenken, daß wir infolge der vielfältigen Freizeit-Schwerstarbeit ein sehr ausgefülltes Leben führen dürfen. Wenn wir dereinst im hohen Alter von vielleicht neununddreißig Jahren von dieser Welt scheiden, können wir stolz von uns sagen, daß wir zwölf Sprachen sprechen, die Geheimnisse Tibets oder St. Helenas wie unsere Hosentasche kennen, binnen kurzem zwölf Einbauschränke geschreinert haben und durch den Anbau von eigenkompostiertem Gemüse kerngesund sind. Hoffentlich gibt es im Jenseits eine Freizeitmesse, daß uns die Ewigkeit nicht zu lang wird.

Aus der Welt der Musik:

Die Geschwister Strumpfmannsberger

Die zweite Leasing-Rate vom Gartenzwerg ist überfällig, der Wellensittich leidet seit seinem Sturzflug in die Erdbeerbowle an einer Leberzirrhose, der Bierpreis zieht merklich an, der Fernseher ist kaputt, zwei Hundehäufchen müssen am Gehsteig noch entfernt werden, draußen herrscht Aprilwetter, Kopfweh breitet sich aus. Was hilft uns in solchen Zeiten aus dem tiefen Tal der Depressionen? Nichts anderes als der Seelenbalsam des neuen deutschen Bergliedes, dessen Botschaft uns jetzt durch Funk, Fernsehen, CD-Player und Walkman endlich auch im flachen Land erreicht und unablässig Trost spendet.

Die filigranartige Volksliedwelle der Geschwister Strumpfmannsberger, der Pflunzerauer Harfenmusi, des Triefelbacher Dreigesangs oder des Kaserer-Duos Helga & Alwin wecken uns schon sehr früh um sechs mit ihren Liedern von Freud und Leid, von Weh und Ach und den vielen, vielen anderen schönen Dingen des häufig ja so traurigen Lebens.

Bang fragend rufen uns die Beherrscher des allgemeinen Volksgeschmacks etwa zu: „Hörst du die Glocken von Stella Maria? Sie klingen so hell und so rein. Hörst du die Glocken von Stella Maria, sie laden zum Beten dich ein. Weit klingen sie über das Tal und sagen, es war einmal. Hörst du die Glocken von Stella Maria?" Was will uns dieses preisgekrönte Lied in a-moll sagen? Es will uns sagen, daß wir die dazugehörige CD kaufen sollen und wir dadurch ständig an die Glöcklein von Stella Maria erinnert werden, wo man sich zum Beten niederknien kann.

In manchen Fällen mangelhafter Gleichberechtigung ist auch geraten, neben Stella Maria einen Gipfel in der näheren Umgebung zu erklimmen. Vielleicht den Schweinauer Schuttberg. Denn einem weiteren, auch nicht schlechten Schlagerlied von

Bernd Ruhla entnehmen wir die nachdenklichen Worte „Ho-di-di-lei-i, Ho-di-di-lei-i. Ganz egal, ob arm, ob reich, auf dem Berg sind alle Menschen gleich. Ho-di-di-lei-i, Ho-di-di-lei-i."

So weit, so gut. Aber das ist noch nicht alles. Der Dichter Bernd Ruhla weiß noch über vielfältige andere Annehmlichkeiten auf dem Berg: „Dort oben zählt nur die Freundschaft, alles andere ist egal. Hoch droben auf dem Berg sind alle gleich, und wir lassen gerne mal unsere Sorgen im Tal zurück. Mei, so a Glück. Ho-di-di-lei-i."

Falls es den Kletterer während des Singens durch eine kleine Unachtsamkeit auf die Waffel hauen sollte, wird ihm nichts zustoßen, wenn er an die Worte des Popmusik-Fabrikanten Günther Behrle denkt. Dieser begnadete Wortjongleur hat zur selbstkomponierten Musi eines langsamen Walzers ohne jegliche fremde Hilfe die folgenden Reime für die Top Ten erfunden: „Schutzengel, Schutzengel, bleib doch bei mir, beschütz mi, dann schenk i mein Herz dir dafür. Schutzengel, Schutzengel, laß mi nie allein, auf all meinen Wegen bis ans Ende von meim Leben, Schutzengel, sollst bei mir sein." Diese so inbrünstig besungenen Schutzengel bringen nicht nur Sicherheit und Selbstvertrauen für die vielen, vielen Hörer, sondern zu Recht auch noch reichlich Tantiemen für Herrn Günther Behrle. Obwohl - fast noch besser, tröstlicher und irgendwie hammerartiger mutet uns das Lied der unermüdlichen Volksdichterin Irma Holder aus dem Jahr 1989 an. Anscheinend in einer einsamen Nacht ist dieser Poetin des Überirdischen der Heilige Zwetschgengeist erschienen und hat ihr diktiert: „Drunt am Bach, wo die Birken stehn, hab i als Kind a Wunder g'sehn. I ging durch a goldne Tür und a Engerl neben mir, es hat mir im Traum a Leiter baut, und i hab in Himml eine g'schaut. Später war mir klar, die Wunder, die sind rar."

Auch uns wird klar: Sowas fetzt, haut rein, das hilft dem Pfarrer auf die Kanzel. Da wird die Milch sauer, da zerreißt es einem das Herz und das Trommelfell, als hätte einem das Trieftal-Duo mit der Platzpatrona Bavariae mitten ins Ohr geschossen. Es ist ein rechtes Glaubensbekenntnis und eine Oase des Schwachsinns in diesen schweren Zeiten, noch dazu mit einer beachtlichen Rendite. Ho-di-di-lei-i.

Der tibetanische Tempelhund im Mittagessen

Die deutsche Hundezucht weist sehr schöne Erfolge auf. Es sei nur an die stolzen Rassen des Riesen-Russla erinnert, den Pegnitztaler Hammerhai oder den Reißwolf. Die Krönung der Deformierung eines Hundes aber kommt in Gestalt des hochtibetanischen Tempelhundes aus dem Fernen Osten.

Der Vermögensberater Sigi A., Träger der Ehrendoktorwürde der Universität Leipzig, besitzt seit einem halben Jahr einen tibetanischen Tempelhund. In längst verflossenen Jahrhunderten haben tibetanische Mönche diesen Hund im Rahmen seiner Züchtung mit der Schnauze voran vom Himalaja ins Tal geschmissen, so daß man bei ihm vorn und hinten nicht mehr unterscheiden kann. Das ist einem Gast in einem Altstadtlokal zum Verhängnis geworden.

Dieser Herr hat ein Gulasch mit Salzkartoffeln und grünem Salat bestellt. Am gleichen Tisch ist Sigi A. gesessen mit seinem tibetanischen Tempelhund namens Max. „No, mei Gouderla", hat der Nachbar zu dem Hund gesagt, „hosd aweng an Hunger, gell." Der Hundefreund hat hinten und vorn verwechselt. Da ein tibetanischer Tempelhund am Hintern keine Ohren hat, ist die Frage ungehört verhallt und nicht beantwortet worden.

In dem Moment aber, wo der Kellner das Gulasch serviert hat, ist aus dem Max ein deutliches Knurren ertönt. „Hodd Ihr Hunderla edzer vorna odder hindn belld?", fragte der Nachbar den Sigi, worüber der Besitzer des tibetanischen Tempelhundes nicht lachen konnte. Angeblich soll der Sigi seinem Vexier-Hund dann einen Befehl erteilt haben. „Und aff aamol", sagte der Nachbar vor Gericht, „is des Viech am Diisch naafg'hubfd und hodd si drohend vuur mei Gulasch hiigschdelld."

Herr Sigi A. beruhigte den Gast mit den Worten: „Wissn'S, des is a dibedanischer Demblhund. Nermool douder nix. Obber der maand edzer, daß der Deller dou sei Rewier is. Und des mouser verdeidichn." „Asuu a Gschmarri", antwortete der Tischnachbar, „aff den Deller is mei Gulasch und ka dibedanischer Dembl! Und Wenn'S edzer nedd schauer, daß Ihr greislicher Klosder-Vorschdeher vo mein Middoochessn verschwind, nou hauin anne affn Rüssl."

Mit diesen Worten wollte er den Salatteller zu sich herziehen. Worauf der Max erneut gefährlich zu knurren begann und seinen Schwanzstummel nach oben stellte - ein untrügliches Zeichen für einen drohenden Angriff. „Und mei Salood", schrie der Nachbar, „des is gwiss der Klosdergarddn vo den dibedanischn Dembl!" Dabei griff der Gast zur Gabel. "Und in den Momend", sagte er vor Gericht, „fälld der Hund iiber miich her und beißd mer vo mein Zeichefinger die Kobbn ab!"

Wegen dem Einsatz eines waffenscheinpflichtigen Hundes auf einem Wirtshaustisch wurde Herr Sigi A. zu einer Geldstrafe von 400 Mark verurteilt. „Däi Bißwundn", sagte der Zeuge noch, „wär goornedd suu schlimm gween. Obber mei Middoochessn hobbi mer an Houd schdeggn kenner. Wall der Doldi vonnern dibadanischn Simblhund hodd mer mei Fingerkobbn am Schluß ins Gulasch neigschbodzd."

140

Tischtennis als Nachtkonzert

Ohne den Nachweis sportlicher Höchstleistungen ist der Mensch von heute bekanntlich ein Depp. Schon der Hauch von einigen Gramm Übergewicht stempelt den fitnessmäßigen Müßiggänger zur gesellschaftlichen Pflaume. Um auch das derzeitige Schönheitsideal, den Hohlbauch mit Klarsicht-Rippen, zu erreichen, hat sich der Willi ein Tischtennis-Set gekauft.

In der Siedlung, wo der Willi wohnt, schmiegen sich die Grundstücke eng aneinander, sodaß der Nachbar, Herr Ferdinad V., an den allabendlichen Pingpong-Spielen akustisch auch teilnehmen konnte. Statt Schmetterlinge gab es fortan Schmetterbälle. „Drei Dooch lang hobbis ausg'haldn", sagte der Ferdinand vor Gericht, „und nou binni ball nersch worn. Jeden Oomd nerblouß nu Bing, Bong, Bing, Bong. Däi hom dou driimer rumgschossn wäi di Verriggdn. Aamol is der Moo zu uns fei iibern Zaun riiberg'hubfd, nerblous, dasser an Balln derwischd. Und sei Frau hodd vuur lauder Woud, walls verluurn hodd, hodd däi amol in Schläächer gschmissn. Hoorscharf an mein Kubf vobbei."

Die Tischtennis-Stillstandsverhandlungen zogen sich ergeb-

141

nislos hin. Sie bestanden darin, daß der Ferdinand hinüber brüllte: „Aafheern, ihr Rimbfiecher, obber serfordd!" Und der Willi zurückschrie: „Waffl haldn, Doldi! Iich hob Medschball!" Was den unsportlichen Nachbar fast noch mehr nervte als das anheimelnde Gequacker des kleinen Zelluloidballes, waren die Kommentare der Nachbarn. Da konnte man noch nachts um elf Uhr unter Flutlicht den Willi keifen hören: „Iich glaab, du schbinnsd aweng! Der Balln woor dou. Iich hob ganz genau g'heerd, wäi er die Kandn gschdreifd hodd!" Oder die Frau vom Willi, wie sie lautsprecherartig feststellte: „Der Balln woor undern Nedz durch! Iich hobs genau gseeng. Obber warddner. Bschiiß kummd affn Diisch." Und wieder flog ein Tischtennisschläger durch die Nachbarschaft. "Ba uns im Garddn", sagte der Ferdinand, „hosdi ohne Schdahlhelm bragdisch nemmer aafhaldn kenner."

Eines Nachts, es möchte gegen halb drei gewesen sein, traute aber der Tischtennis-Star Willi seinen Ohren nicht mehr. Durch die schwer schnarchende Vorstadt dröhnte es wie Einschläge von Granatwerfern, wie das Heulen von Mittelstreckenraketen. Und in den kurzen Gefechtspausen hörte sich der Willi höchstpersönlich brüllen: „Läich doch nedd asuu! Der Balln hodd es Kändla gschdreifd, der woor dou!"

Kurz danach war die halbe Siedlung in Nachthemden auf den Beinen und lauschte mit dem Willi der Übertragung eines Tischtennisspiels, das vom Balkon des Ferdinand über zwei große Musikboxen ausgestrahlt wurde. „Eingli", sagte der Ferdinand, „hobbi des Dischdennisschbill vo denni nerblouß aff Kasseddn aafgnummer, dassi ein Beweismiddl hob. Obber nou hobbis hald in dera Nachd brobehalber amol aff meiner Schdereoanlooch abschbilln loun. Aff Full-Bauer hobbi aafdreed. Daß aa amol heern, wäi des doud - a Open-Air-Dischdenniskonzerd."

Wegen Ruhestörung und unerlaubter Tischtennis-Plattenaufnahme muß der Ferdinand 400 Mark zahlen. Allerdings forderte das Gericht auch den Willi und seine Frau zur zukünftigen Lautstärkendämpfung beim Tischtennis auf. "Und vielleichd, Herr Richder", merkte der Ferdinand an, „kenndn'S denni nu soong, dassersi nedd dauernd suu ordinär ooschreia. Wenns scho nedd verliern kenner, däi Oorschlecher."

WAS IS DES?

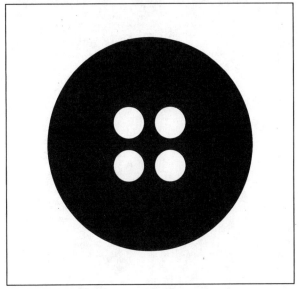

1. A Lebbkougn mid Löcha drin zum Brodworschd naischdeggn
2. A eigschnabbds Maikäferla mid Sinn fär Oddnung
3. A Schallbladdn zum Verrüggdwern, wall's eierd
4. A Knuupf! Vou da, wous die haasn Huusn ham und alles andre a:

DAS HAUS DER MARKENKLEIDUNG

Wie weit ist
ein millionstel
Millimeter?

Die in Fachkreisen sogenannte Infinitesimalrechnung, mit deren Hilfe anscheinend Grenzwerte ermittelt werden, hat außer in höheren Lehranstalten an sich keine größere Bedeutung für die Menschheit. Mit einer Ausnahme - der bekannte Kniefiesler Gerhard W. aus der Nürnberger Nordstadt ist wegen schwerer Besserwisserei in Zusammenhang mit der mathematischen Grenzwertermittlung in Tateinheit mit der Berührung einer Polizistennase jetzt vor dem Amtsgericht gestanden.

Dieser in allen Dingen sehr erfahrene Herr W. ist an einem Freitag abend im März mit seinem Auto vom Randstein heruntergefahren und Sekunden später schon von einer Polizeistreife um die freundliche Aushändigung von DM 40 gebeten worden. Weil er nicht angeschnallt war.

Daraufhin hat sich ein nicht nur für Anhänger der Grenzwertrechnung sehr interessantes Fachgespräch ergeben.Im Verlauf der öffentlichen Straßendebatte haben sich dort ungefähr dreißig Zuhörer eingefunden und aufmerksam gelauscht, wie Gerhard W. geäußert hat: „Värzg Marg wolln Sie vo mir? A Bäggla Scheißdreeg kenner'S hom, wenn'S rausgeem kenner!

145

Iich bin doch hexdns an halm Meeder gfoohrn. Und fiir an halm Meeder brauchi kann Sicherheizgurdd."

Daraufhin notierte sich der Chef der Streifenwagenbesatzung sorgfältig das Wort Scheißdreeg in sein Protokollbüchlein und belehrte den Autofahrer, daß man sich grundsätzlich beim Fahren angurten muß. Ganz gleich, ob man einen halben Meter fährt oder hundert Kilometer. „Ja und wos issn nou", fragte Herr Gerhard W. weiter, „wenni soong mer amol an Zendimeeder middn Audo foohr? Moußi mi dou aa ooschnalln? Der Beamte blieb dabei: Fahren ist Fahren und damit anschnallpflichtig.

HerrrW. ließ aber im Sinn der Grenzwertrechnung nicht nach: „Und an Millimeeder wenni foohrn dou?" „Heern'S edzer mid Ihrn Gschmarri aaf", antwortete der Polizist, „und zoohln'S däi värzg Marg!" Herr W. wollte die vierzig Mark aber keineswegs entrichten. „Edzer nehmer amol oo", setzte er seine Theorien über die Problematik ruhender und beweglicher Körper fort, „blouß amol oognummer, nä. Also soong mer amol, iich foohr an hunderdsdl Millimeeder middn Audo und bin nedd oogschnalld. Wäi denner Sie dou nou fesdschdelln, daß iich edzer an hunderdsdl Millimeeder gfoohrn bin? Leeng Sie sich dou aff die Schdrass hii und schauer durch a Migroskoob, odder wäi?!"

Der Polizist beharrte auf Auszahlung der vierzig Mark. „Gfoohrn is gfoohrn", sagte er, „und wenn'S weecher mir nerblouß a dausendsdl Millimeeder is. Also Masder - zoohln odder mir genger aff die Wach." In dem Augenblick soll der Beamte Herrn W. am Arm ergriffen haben. Daraufhin schlug Gerhard W. zurück und traf den Polizisten mit der Hand auf die Nase.

Wegen Beleidigung und Widerstand gegen einen Staatsbeamten wurde der bereits vorbelastete Gerhard zu drei Monaten auf Bewährung und einer Geldbuße von 2000 Mark verurteilt. „Asuu a Fehlurdeil", sagte der Gerhard, „hodd ja die Weld nunni gseeng! Dou gäih iich in Berufung. Wall iich hob den Bolli ibberhabbs nedd aff die Noosn g'haud. Iich hob ganz genau an millionsdl Millimeeder vuur den sein Zinkn abbremsd. Vielleichd kommer in der Lufd sugoor nu die Bremsschbuurn seeng."

146

Der Wunderhobel

Die wirklichen Wunder der Technik werden nicht in den Universitäten der Weltstädte geboren. Vielmehr erblicken sie das Licht der Welt auf dem kleinen Platz in der Pfannenschmiedsgasse.

Dort ist auch der Propagandist Reinhold L. vor eine vollkommen überraschte Bevölkerung hingetreten und hat seinen „Reibi, den Wunderhobel für die deutsche Hausfrau" vorgestellt. Nach der Entdeckung der Kugelgestalt der Erde kommt der Wunderhobel „Reibi" wahrscheinlich schon an zweiter Stelle. Denn er kann für nur 7,50 Mark Kartoffeln schälen und reiben, Gurken hobeln, aus Gelbe Rüben Hackfleisch machen, Kohlrabi in seine einzelnen Moleküle zerlegen, Rettich schneiden und sogar Haare entfernen. Auch fungiert „Reibi", der

Wunderhobel, als Hammer, Beißzange, Schraubenzieher und Säge."

Jetzt ist Reinhold L. wegen Körperverletzung vor Gericht gestanden. Sein Opfer war die Hausfrau Gudrun L., die wegen des in Aussicht gestellten Mengenrabattes 20 Wunderhobel gekauft hatte.

Eine Woche später ist sie wieder vor dem Verkaufszelt gestanden. Und wie der Reinhold L. gerade ausgerufen hatte: „Mid Reibi, dem Wunderhobel, dou wern die Reddich hauchdünn, daß manche Kundn sugoor scho als Budznscheim verwend hom! Kaufen Sie Reibi, und ein neues Leben beginnt!", da schrie die Gudrun von hinten: „Iich hau der edzer Deine zwanzig Wunderhobl um die Ohrn rum, daß fiir Diich aa a neis Leem beginnd! Und zwoor als Leingwoongbremser am Wesdfriedhuuf!"

Ob sie denn nicht zufrieden gewesen sei, erkundigte sich Reinhold. „Iich woor zufriedn mid dein Scheiß Glumb", sagte die Gudrun, „wäi mer hald zufriedn is, wenn bam erschdn mool die Messer dervoo fläing und wennsd deine Gurgn middern Schraumzieher hobln moußd."

Wie eine andere Dame trotz der Einwände einen Wunderhobel kaufen wollte, sagte die Gudrun laut: „Gnä Frau, wenn'S ihre siem Marg fuchzg in Gully neischmeißn - dou hom'S mehr dervoo." Weil der Reinhold um den guten Ruf seines Reibis fürchtete, bot er der Gudrun fünf Reibi umsonst an. „Nou hobbi mer dengd", sagte sie vor Gericht, „dou mäißerdi ja bläid sei, wenni däi nedd nehmerd. Obber iich hädds nichd machn solln, Herr Richder. Wall nou hodd der Moo gsachd, daß iich einen leichdn Damenbard hob, und den machder edzer als Demonsdrazion aa nu kosdnlos wech."

In der Ambulanz vom Klinikum ist die Gudrun wieder zu sich gekommen. „Doud mer leid", entschuldigte sich der Reinhold, „iich hob in der Aufreechung ausverseeng es Gurgnmesser middn Haarendferner verwechsld."

Wegen versuchten Schneidens einer Kundin in hauchdünne Scheiben wurde der Reinhold zu einer Geldstrafe von 1200 Mark verurteilt. „Mei Reibi konn dou ibberhabbs nix derfiir", maulte der Propagandist leise nach, „wenn däi Gifdsulln im Gsichd Hoor hodd wäi Borschdn vonnera Sau."

Aus der Welt der Gesundheit:

Wenn der
Magen bellt

Unaufhaltsam naht jetzt wieder die Zeit, wo der joggende Herr und die läufige Dame sich nach Feierabend in ihren Aus-rennanzug drängen möchten, dort aber keinen Platz mehr finden. Es liegt daran, daß der menschliche Body ähnlich wie der Mond im Lauf des langen Winters ab- und zunimmt. Vor allem letzteres. Kurz vor dem Frühlingsbeginn befindet sich der Mensch meist in der schwer nach vorn neigenden Hänge-bauchphase. Er ähnelt in keiner Weise mehr dem Idealbild des jugendlichen Apoll von Praxiteles, sondern Günther Strack von Frankfurt.

Im Herbst haben uns die verschiedenen Fachzeitschriften ermuntert, uns mit Gänseleberpastete, Schweinerücken und Spanferkel einen weltkugelartigen Wanst anzumästen. Jetzt aber raten uns die gleichen Fachzeitschriften dringend, daß wir uns aus gesundheitlichen Gründen ungefähr von der Hälfte unseres Schwellkörpers trennen müssen. Es erfolgt durch eine Diät.

Statt dem original fränkischen Vollwert-Breakfast, bestehend aus Kaffee, Schlagrahm, zwei Pfund Zucker, einem Kipf Brot, Schmalz, Semmeln, Vierfruchtmarmelade, Schweinskotlett auf Buttertoast, Stadtwurst, Räucherkarpfen, Kognak, Rum und Griefenfett blicken den Diätnehmer vom vereinsamten

149

Küchentisch ein Viertelscheibchen Flachknäcker und 2 cl unheimlich stilles Mineralwasser drohend an. Bereits vom Hinschauen entweichen dem Körper ängstlich die ersten Hundertschaften Kalorien.

Mittags nehmen wir gemäß den Vorschriften der Diät von Dr. med. Antje Schaeffer-Kühnemann erneut einen Flachknäcker zu uns, eine Prise Weizenkleie und Agar-Agar. Dieses Agar-Agar ist bei einem Großteil der Bevölkerung noch ein Rätsel. Ein Herr hat dieser Tage in der Kugel-Apotheke gefragt: „Frollein, hom Sie an Agar-Agar?" Worauf die Apothekenhelferin zurückgefragt hat. „Naa, obber hom Sie vielleichd aweng an Balla-Balla?" Balla-Balla scheint aber kein Bestandteil der Dr.-med.-Schaeffer-Kühnemann-Diät zu sein.

Abends gibt es Flachknäcker an Sojakeimchen. Nachts bellt uns ein Hund in den Schlaf. Erst bei genauerem Hineinhorchen in unseren Hohlkörper merken wir, daß es kein Hund ist, sondern das Knurren des Magens, vermischt mit dem geheimnisvollen Knistern der Flachknäcker. Durch das andauernde Einnehmen dieses Knäckebrots entstehen etwa nach einer Woche früh auf der Toilette Staubstürme. Sonst entsteht dort nichts.

Sehr empfehlenswert ist auch die Professor-Atkins-Diät, die binnen vier Wochen einen traurig durch die Straßen schleifenden Fettkloß in ein himmelhoch jauchzendes Geripppe verwandelt. Man nimmt einen Monat lang nichts zu sich und spült täglich mit drei bis vier Liter essigsaurer Tonerde nach.

Ein wie schwanger wirkender Herr aus der Nordstadt, der wegen seiner Fettleibigkeit jahrelang arbeitslos war, hat auf Grund der Atkins-Diät Karriere gemacht. Er hat hundert Kilo abgenommen und fungiert jetzt als hochdotiertes Modell für den Totenkopf- Bildhauer vom Johannisfriedhof.

Auch Professor Atkins, Dr. med. Antje Schaeffer-Kühnemann, Honorarprofessor Köhnlechner, der asiatische Schlankheits-Akupunkteur Kanz Sche Dinn, sowie der Urheber der hydrophrygen Sieben-Körner-Kur haben Karriere gemacht. Denn ihre wissenschaftlichen Hungervorschriften gehen als Bücher weit hinaus bis in die Dritte Welt nach Afrika und erreichen dort als Repräsentanten mitteleuropäischen Humors hohe Auflagen.

Aus der Welt der Bildung:

Woher kommen wir, wohin gehen wir?

Bereits der altgriechische Schriftsteller und Büttenredner Menander (342-291 vor Christi Geburt) sagte: „Bildung ist ein unentreißbarer Besitz". Den größten Teil seines Bildungshungers stillt der in Nürnberg zwischen dem vierten und fünften Bildungsweg wandelnde Mensch nicht nur im Gasthaus 'Zu den drei Linden' in Kalchreuth, sondern auch im städtischen Bildungszentrum.

Dieses Zentrum der abendländischen Kultur öffnet jetzt wieder seine Pforten, und die fünfzig- bis achtzigjährigen Studenten eilen in die Gibitzenhofstraße, in die Untere Talgasse oder in einen anderen Hort der mentalen Fitness, um dort allabendlich das Klöppeln von thüringischen Spitzenhäubchen wissenschaftlich zu erlernen. Töpfern, nahtlos Schweißen, die Aufzucht von Bonsaibäumen, Ikebana, die dritte südfinnische Laufverschiebung unter der besonderen Berücksichtigung des Läppischen. Weiters befassen wir uns mit Blockflötenspiel, Seilhupfen oder der Vortragsreihe „Kastriert - was nun?"

Infolge der Einführung der 35-Stunden-Woche, die für den zügigen Arbeiter bereits Dienstag mittag endet, wissen neunzig Prozent der Bevölkerung nicht, was sie mit den restlichen fünf Tagen anfangen sollen. Sie wären unweigerlich dem Müßiggang verfallen, dem Anfang allen Lasters, und landen am Ende ihrer Eigenschaft als faule Sau in einer Gemeinschaftszelle der Justizvollzugsanstalt. Der bildungshungrige Mensch strebt deswegen lieber seine Immatrikulation in der Volkshochschule an.

Wir lernen dort zur Vervollständigung unserer Ausbildung als Weltmann Arabisch für Fortgeschrittene, befassen uns mit der gerade jetzt so brisanten Frage „Wer bin ich? Was will ich?" im Rahmen eines Kompaktseminars, widmen uns dem Bauchtanz im Wandel des Körpergewichts und belegen auch den Kurs „Schwangerschaftsgymnastik für werdende Väter", zu dem bequeme Kleidung und eine Decke mitzubringen sind. Wer möchte nicht einmal ein Batik-Tüchlein selbst herstellen, die chinesische Sprache beherrschen und seine tägliche Korrespondenz in Altägyptisch verfassen. Der Empfänger dieser Korrespondenz wird dumm schauen, weil er nicht den Kurs „Einführung in die altägyptische Hieroglyphenschrift" von Frau Ch. Strauß-Seeber belegt hat.

An drei Nachmittagen holen wir die Mittlere Reife nach und begeben uns noch in den Selbsterfahrungskreis „Mann-Sein zwischen Ängsten, Risiken und Chancen". Es werden dort laut Vorlesungsverzeichnis in methodisch angeleiteten Spielen und Übungen neue Verhaltensweisen ausprobiert. Wahrscheinlich geht es um Schafkopfen und das hasardartige Ausspielen der Rot-Sau mit der Spekulation, daß der Mitspieler den Eichel-Ober hat.

Der verhältnismäßig ungebildete Selbsterfahrungsgreis Walter K. ist neulich in der Nähe des Gasthauses 'Zum Kettensteg' im Gebüsch gelegen und hat nach dem Erwachen in den frühen Morgenstunden hilflos gelallt „Wou binni denn? Wou binni denn??!" Er hätte nicht ins Wirtshaus gehen und ausprobieren sollen, ob man seinen Wissensdurst auch mit zwölf Schoppen Frankenwein löschen kann. Vielmehr hätte er im Nürnberger Bildungszentrum den Kurs der Dozentin Nika Kölbl belegen müssen mit dem Titel „Wo bin ich?" Es dreht sich ebenfalls um eine Selbsterfahrungsgruppe für Männer und Frauen. Frau Kölbl teilt in ihrer Vorschau mit, daß wir in diesem Kurs mit den Methoden der Gestalt-Therapie uns unsere männlichen und weiblichen Anteile näher ansehen werden und daß - wie bei der Schwangerschaftsgymnastik für werdende Väter - Decken und bequeme Kleidung mitzubringen sind.

Der Herr im Gebüsch vor dem Kettensteg hätte nicht nur eine Antwort auf seine bange Frage „Wo bin ich?" erhalten, sondern auch eine Wolldecke gegen die Kälte am frühen Morgen gehabt. Und zusätzlich hätte er sich mit Hilfe der Gestalt-Therapie noch weibliche und männliche Anteile näher ansehen können. Alles zu einer Kursgebühr von lediglich 36 Mark im Nürnberger Bildungszentrum.

Die Geisterleine

Früher betrug der Radius eines Hundes ungefähr drei Meter, entsprechend der Länge einer Hundeleine. Im deutschen Hundeleinenwesen ist aber eine Liberalisierungswelle im Gang, so daß sich manche Hunde bis zu 20 Meter ungestraft von ihrem Herrn entfernen können. Manchmal ist die mit einem Federzug-Rückholmechanismus ausgestattete Leine sogar so lang, daß sich das Herrchen beim Gang durch die Vorstadt noch in Nürnberg befindet, während sein Anhängsel schon auf Fürther Hoheitsgebiet das Bein hebt.

Die Verlängerungsschnur birgt aber auch Gefahren in sich. Wovon der Glasermeister Robert H. ein Lied singen kann. Beziehungsweise kann er es zur Zeit nicht singen, weil er immer noch an den Folgen eines schweren Waffelbruchs laboriert. Der Robert hat an diesem Tag, der jetzt noch einmal vor Gericht rekonstruiert hat werden müssen, in Schoppershof ein Glasfenster anliefern sollen. Er hat am Bestimmungsplatz keinen Parkplatz gefunden und deswegen die letzten Meter zu Fuß zurückgelegt.

Kunstvoll balancierte er die hohe Glasscheibe, immer mit einem ängstlichen Blick nach oben, daß sie nicht in gefährliche Schwingungen gerät. Er hätte aber nach unten schauen sollen. „Iich bin ungefähr zeha Meeder gloffn", erinnerte er sich, „dou schdelld mir aff aamol anner es Baa, iich mach an halberdn Saldo, fläich mid vuller Wuchd in mei Fensderscheim nei, und nou hodds mi am Buudn hiigschmedderd."

Der Robert war von dem Sturz noch benommen, als sich ein Herr über ihn beugte und aufgebracht schrie: „Kenner Sie nedd aweng aafbassn! Edzer häddn'S mein Dschaarly ummer Hoor erdrossld!" Dieser mitfühlende Herr war der Karlheinz. Er erläuterte dem in einem Berg von Scherben liegenden Robert, daß er durch seine Unvorsichtigkeit soeben über eine Hundeleine geflogen ist. An einem Ende der Leine befand sich der Karlheinz, am anderen, 30 Meter entfernten Ende, ein reinrassiger Innsbrucker Tennenhund namens Charly. Dadurch daß der Charly ein starker Zughund ist, war die Leine sehr straff über die Gesamtbreite des Gehsteigs gespannt.

Beim Sturz des Robert über die Schnur war ein gewaltiger Ruck sowohl durch den Herrn, als auch durch den Hund gegangen. „Des is mir doch scheißegal, ob dei Dschaarly ka Lufd mehr gräichd hodd", preßte der Glasermeister durch seine verletzten Lippen, „mir hodds die Goschn aafgrissn und mei Fensderscheim is im Oorsch!" „Des mouß obber unangenehm sei", entgegnete der Karlheinz mit einem sehr feinen Wortspiel, „suu an haufn Glasscherm im Hindern." Daraufhin zog der Robert an der Hundeleine solang, bis der Charly in Reichweite war und verpaßte ihm einen Fußtritt.

Der Karlheinz rannte zur Telefonzelle und alarmierte die Polizei. „Dou hodder", erinnerte sich der Robert, „sein Hund aa miidgnummer. Der Doldi vonnern Hund is a boormol um des Deleonhaisla rumgrennd. Nocherdla hommer sei Herrla befreier mäin, wall des Viech mid der Leiner des Haisla suu eigschniird hodd, daß die Diir nimmer aafganger is."

Der Robert wurde vom Vorwurf der Tierquälerei freigesprochen. Gleichzeitig riet das Gericht dem Karlheinz, in Zukunft eine kürzere Hundeleine zu benützen. „Odder", sagte der Robert, „du hängsd alle fimbf Meeder a rouds Fähnla hii."

Ein Leuchtturm
auf Wanderschaft

Staatliche oder städtische Einrichtungen wie Verbots- und Gebotsschilder, Parkuhren, Polizeibeamte oder Warnleuchten sind Gemeingut und somit für jeden Bürger da. Mit diesem Gemeingut muß man allerdings vorsichtig umgehen. Wenn ein Steuerzahler meint, er zahlt mit seinen Steuern unter anderem auch das Sicherheitswesen und kann sich deswegen nach Belieben einen Polizeibeamten acht Stunden lang am Tag in seinen Vorgarten stellen, der irrt.

Einem ähnlichen Irrtum ist auch der Gewerbegrafiker Reinhold L. unterlegen, und er hat sich wegen verschiedener Delikte vor dem Amtsgericht verantworten müssen. Herr Reinhold L. ist in einer Nacht, in der schwerer Bodennebel geherrscht hat, auf dem Frankenschnellweg spaziert und zufällig einer Polizeistreife begegnet. Reinhold L. taumelte ein wenig und schleppte auf den Schultern ein baumstammartiges Gebilde. Unter dem Strahl der Scheinwerfer des Polizeiautos entpuppte sich der Baumstamm als eine etwa zwei Meter lange Warnleuchte, die außer auf den Schultern eines Autobahnspaziergängers noch an Verkehrsinseln oder an anderen gefährlichen Hindernissen zur Warnung angebracht ist.

Auf die Frage, was er hier macht, antwortete der Reinhold L. dem Polizeibeamten mit schwerer Zunge: „Des seeng'S doch, iich gäih hamm." Von Gehen, meinte der Polizist, könne keine Rede sein. Es handelte sich vielmehr um eine Art Kriechen. „Jawoll", lallte der Reinhold, „drum laafi aa vuurschrifdsmäßich aff der Griechschbur." „Und däi Warnleuchde", fragte der Beamte nach, „däi hom'S gwiss als Nachddischlämbla derbei, wenn'S underwegs amol a Niggerla machn?!"

Auf die Frage nach der Warnleuchte hielt der Reinhold einen längeren Vortrag über die Rechte eines deutschen Steuerzahlers. Daß diese Warnleuchte schließlich von ihm bezahlt worden ist, daß er sie zufällig an einer Ausfahrt des Frankenschnellweges liegen sehen hat, und daß er sie jetzt als sein Eigentum betrachtet, das er mit heimnimmt. „Woorscheins", merkte der Warnleuchten-Träger noch an, „hodd däi Lambn a bsuffner Audofoohrer umgfoohrn."

Mit dieser Bemerkung hatte der Reinhold vollkommen recht. Nur dreihundert Meter weiter stand nämlich sein Auto mit laufendem Motor. Es hatte am linkem vorderen Kotflügel eine Delln, sowie Farbspuren der Warnleuchte. Während wiederum die Warnleuchte Lackspuren vom Reinhold seinem Auto aufwies. Das Gericht hielt ihn für schuldig, daß er mit einer Fahrtüchtigkeit von 2,3 Promille auf der nach oben offenen Trichterskala erstens eine Warnleuchte aus der Verankerung gerissen, zweitens Fahrerflucht begangen hat und drittens die Spuren seines Slaloms beseitigen wollte.

Herr Reinhold L. wurde zu drei Monaten mit Bewährung, 4000 Mark Geldbuße und einem Jahr Führerscheinentzug verurteilt. „Iich glaab", sagte der Reinhold nach dem Urteil zum Herrn Rat, „vuur Ihrn Grichdssaal mäißerd mer aa amol a Warnleuchdn aafschdelln."

Mit dem Sekthelm durch die Altstadt

Bei Kopfbedeckungen unterscheidet der Fachmann Hut, Mütze, Kappe, Zylinder, den im allgemeinen weniger beliebten Stahlhelm und die seinerzeit von der Bundesregierung gegen Atombomben empfohlene Aktentasche. Auch bei nicht ganz so schweren Niederschlägen wie Graupelschauer oder Hagelsturm wird ein Sektkübel aber nur sehr selten als Schutz für den Kopf herangezogen. Ein Herr Rüdiger N. aus der östlichen Vorstadt ist jetzt wegen Sektkühler-Mißbrauchs am Kopf in ein Gerichtsverfahren verwickelt worden.

Er hat an einem Samstag abend vor Weihnachten eine Kneipe in der Altstadt besucht und sich nach der schnellen Einnahme von neun bis elf Hefeweizen wegen Erreichen der Bettschwere schon verhältnismäßig bald wieder verabschieden wollen. Er hat alle Kleiderhaken verzweifelt nach seinem Hut abgesucht und anschließend jeden Gast etwa dreimal gebeten, aufzustehen, ob er nicht auf seiner Kopfbedeckung sitzt. Die Suche nach dem Hut hat umgerechnet noch einmal drei oder vier Hefeweizen gedauert. Dann brüllte der Rüdiger plötzlich:

„Wenn iich edzer nedd innerhalb vo fimbf Minuddn mein Houd am Kubf hob, nou werd di Bollizei g'hulld!"

Die Gäste und der Wirt waren von der dauernden Hutfahndung schon sehr strapaziert, und der Rüdiger mußte das fünfminütige Ultimatum gar nicht mehr abwarten. Schon nach wenigen Sekunden war sein Kopf, das Antlitz und sogar teilweise das Doppelkinn in einen Sektkübel eingehüllt. Der Wirt haute wegen der besseren Einpassung oben noch einmal kräftig mit der Faust drauf und sagte: „So, edzer hosd dein Houd am Kubf. Der is oomer schäi abgflachd, dou konnsder derhamm numol a Fläschla Weizn draffschdelln." Mit diesen Worten drückte er ihm als Weihnachtsgeschenk eine Flasche Bier in die Hand. Ein anderer Gast träufelte auf den Champagnerhelm ein paar Wachstropfen, stellte eine brennende Kerze drauf, und dann wurde der Rüdiger, dessen Proteste dumpf und unverständlich klangen, aus dem Wirtshaus ins Freie geschoben. Durch die Kerze symbolisierte er die Vorweihnachtszeit, während ihn Passanten für einen Bergwerksarbeiter mit einer Grubenlampe am Kopf hielten.

Herr Rüdiger N. taumelte durch die Altstadt, stieß an Straßenlaternen, Hausecken und Parkuhren, doch auch nach einem Salto über einen Pflanztrog löste sich der straff sitzende Sektkübel nicht vom Kopf. Am Hallertor mußten nachts um halbzwei drei Autos scharf bremsen, weil inzwischen ein schneidender Winterwind die Kopfbeleuchtung ausgeblasen hatte und der auf der Straße blind hin- und hertaumelnde Rüdiger kaum zu sehen war. Nach dem Eintreffen der Polizei, der Sanitäter und der Feuerwehr wurde der Integralhelm für Fußgänger mit einer Blechschere entfernt.

Den anschließend festgestellten Nasenbeinbruch muß Rüdiger N. aber nach Überzeugung des Gerichts schon beim Anpassen des Behelfshutes in der Kneipe erlitten haben. Der Gastwirt wurde wegen mutwilliger Hutverwechslung in Tateinheit mit Körperverletzung zu einer Geldstrafe von sechshundert Mark verurteilt. „Es schlimmsde woor", sagte der Rüdiger, „daß iich suu an archn Dorschd gräichd hob bam Hammlaafn. Obber iich hob vo mein Fläschla nix drinkn kenner, walli ja weecher den Scheiß Segdkiibl nedd an mei Goschn hiikummer bin."

Wie man einen Installateur abschleppt

Manche Menschen sind durch das jahrelange Warten auf einen Handwerker schon in geistige Umnachtung verfallen, manche haben sich in der Volkshochschule auf dem dritten Bildungsweg zum Gleichstromelektriker oder zum Sanitärfachmann umschulen lassen, manche wiederum irren ziellos durch die Gassen auf ihrer steten Suche nach einem Herrn, der Waschmaschinen reparieren kann.

Die alleinstehende Hausfrau Lotte R. ist in ihrer Sehnsucht nach einem Handwerker vor den Schranken des Amtsgerichts gelandet. „Wos Sie edzer mid mir machn, Herr Richder, is mer worschd", begann die Lotte dort mit ihren Ausführungen, „Habbdsach, mei Aboddschbülung gäid widder."

Die Lotte ist ein Küchenbüffet von einer Frau. Breiter als hoch, Arme wie ein Brotkasten und Hände von der Durchschlagkraft des altfränkischen Nudelholzes. Der Installateurmeister Rudolf K., Zeuge der Anklage, wirkt gegen sie wie ein Gummibärchen von einem Mann. Kleine, zierliche Handwerksmeister können sich beliebige Terminverschiebungen bei überdimensionierten Kundinnen nicht so leicht leisten. Wie es sich beim Fall der Lotte herausgestellt hat.

„Iich ruf den Moo oo", sagte sie vor Gericht, „und sooch, daß mei Abboddschbülung nemmer gäid. Nou sachd der zu mir ,ibberhabbs ka Broblem, des hommer glei, i schigg in värzza Dooch jemand vobbei.' Nou hobbin gfrouchd, obber vielleichd aweng an Schbrung in der Schissl hodd."

Nach einer kleinen Fachdebatte über die tägliche Notdurft im allgemeinen und die Kapazität der Lotte ihrer Toilettenschüssel im besonderen, einigte man sich dann doch auf eine kürzere Wartezeit.

Schon einen Tag später, am Dienstag wollte der Meister persönlich vorbeikommen. Die Lotte sollte pünktlich um acht Uhr früh da sein. Allerdings war dann früh um acht Uhr der Installateurmeister Rudolf K. nicht da. „Iich wardd bis oomds ummer achder", sagte die Lotte, „und der Gischbl kummd nedd! Nachds ummer elfer hobbis nimmer ausg'haldn. Dou hobbi nou drund ba die Kleinleins gschelld, obbi amol am Glo derf."

Drei Tage verbrachte die Lotte dann teils in pausenlosen Gesprächen mit dem Anrufbeantworter des Installateurmeisters, teils mit schüchternen Fragen bei den Nachbarn, ob sie kurz das Klo benützen darf. Am Freitag war es mit der Schüchternheit vorbei. Sie erschien bei dem nur drei Straßen weiter sich in der Sicherheit des telefonischen Anrufbeantworters wiegenden Rudolf, nahm den vollkommen überraschten Installateurmeister in den Schwitzkasten und schleppte ihn heim in den dritten Stock.

Mit den Worten „Wennsd in Abodd rebbariend hosd, nou globfsd an die Diir" sperrte die Lotte Herrn Rudolf K. zusammen mit einer Rohrzange, einem Schraubenzieher und einem Hammer in ihre Toilette ein. Als der Rudolf nach einer Stunde aus dem Klo heraustaumelte, sagte die Lotte "Worum nou nedd glei asuu?!" und verabschiedete den Installateur mit einem anerkennenden Tritt in den Hintern aus der Wohnung. Wegen Körperverletzung und Nötigung eines Handwerkmeisters wurde Frau Lotte R. zu einer Geldstrafe von 1250 Mark verurteilt. „Und die Rechnung", schimpfte der Rudolf, „hodds fei bis haid nunni zoohld." Worauf die Lotte antwortete: „Des demmer nou mid meine Abschlebbkosdn fiir diich Doldi verrechner, gell."

160

Aus der Welt des Handwerks:

Seine Exzellenz, der Facharbeiter

Gerade jetzt an den langen Abenden gibt vielleicht unser treuer Kamerad, der Weggefährte schlafreicher Nächte, also unser Fernseher, seinen Geist auf, der eine oder andere Mikroprozessoren-Sampler im Zehdeh-Bläher wackelt oder es harrt gar ein pfeifender Spanplattenfußboden auf seine Restaurierung. Ein kleines Zwischenmäuerchen im Fitness-Room zur Lagerung des Delta-Muskels möchte aufgemauert werden. Mit anderen Worten: Wir benötigen einen Handwerker. Nach einem drei- bis vierwöchigen Gespräch mit verschiedenen Telefonanrufbeantwortern, Besetztzeichen und mit der Störungsstelle haben wir eines Tages schon Verbindung mit der Schwiegermutter einer Dame ihrem Enkel, dessen Stiefgroßvater im Sommer 1983 am Campingplatz in Sirmione jemand getroffen hat, der einen Spätrentner kennt, der in der Südstadt aller Wahrscheinlichkeit nach einmal ein Handwerk ausgeübt hat.

Durch facettenreiche Beziehungen, die über höchste politische Kreise in dieser Stadt laufen, und einige Querverbindungen innerhalb der Hochfinanz wird uns die Adresse dieses Handwerksmeisters während eines konspirativen Kalten Büffets in einer getrüffelten Sauce Hollandaise zugespielt. An einem wundervollen Montag haben wir bei diesem Gebieter über Schlagbohrer, Dübel, Schlitzschrauben und dreiviertelzöllige Rohre eine dreißigsekündige Audienz.

Ob er sich bei Gelegenheit einmal unser Abflußröhrchen anschauen könnte, fragen wir immer noch in leicht gebückter Haltung, wie wir uns nach dem Küssen seiner Füße aus dem Staub der Werkstatt wieder etwas aufgerichtet haben. Der Meister beantwortet unsere Frage mit einer Gegenfrage: „Wos hommern haid fiir an Dooch?" Wahrheitgemäß antworten wir ihm: Hochwürden, heute möchte untertänigst Montag sein. „Ouhouh", spricht daraufhin der Meister, „ganz schlechd! Nou is ja die Wochn ball widder rum!"

Frohgemut verlassen wir die Werkstatt und schlagen vor Freude eine Handwerksrolle rückwärts. Wir haben nach langen Monaten der Entbehrung und Entsagung mit einer Fachkraft persönlich sprechen dürfen. Und sie hat uns andeutungsweise wissen lassen, daß sie sich irgendwann einmal unser Abflußrohr durch den Kopf gehen läßt.

Auch ein Herr im Stadtteil St. Peter ist nach seiner Konsultation eines Handwerkers im Jahr 1969 sehr zufrieden gewesen. Er hat sich an einen Schreiner mit der Bitte um Herstellung einer Truhe gewandt. Nachdem dieser Bittsteller jetzt im Alter von 98 Jahren überraschend verstorben ist, braucht der Meister, der kurz vor der Vollendung des Auftrags steht, an die Truhe nur noch die vier Griffe hinschrauben, und man wird den Auftraggeber glücklich und zufrieden in ihr auf den Westfriedhof tragen.

Eine Dame aus Lichtenhof hat in ihter grenzenlosen Ungeduld auf einen Waschmaschinen-Reparaturdienst nicht die übliche Schonfrist von eineinhalb Jahren warten wollen. Sie hat völlig überstürzt einen Selbsterfahrungskurs „Die kosmische Energie des Schnellwaschtraumas und ihre Instandsetzung" bei der Schwarzarbeiter-Innung belegt und es selber repariert.

Durch einige kleine Nachfolgeschäden im Haushalt ist diese Dame inzwischen zum Spannbetonfacharbeiter ausgebildet, zum Hochfrequenz- und Drehstromingenieur, sie hat eine abgeschlossene Maschinenschlosserlehre und befindet sich derzeit im Berufsschulzentrum, Fachrichtung Einglasen von druckbeständigen Rundfenstern. Autogen Schweißen ist für sie ein Kinderspiel.

Die auch im Nebenerwerbsfliesenlegen und Parkettbodenversiegeln ausgebildete Dame mit Kaltlöt-Zertifikat der Zinngießer-Innung hat eine geheime Telefonnummer. Man kann ihr aber unter dem Code-Wort „Handwerk hat goldenen Boden" jederzeit einen Tausendmarkschein schicken. Danach soll man auf weitere Anweisungen warten, bis der Tausendmarkschein schwarz wird.

SUPER

DER ZWILLING FÜR IHRE FOTOS

2 **REVUE** Farbfilme
TRG 100 Kleinbild
je 24 Aufnahmen
inkl. Filmentwicklung nur **9.95**

TOLL

DIE FANTASTISCHEN FARBBILDER MIT BILDSCHUTZ

- Oberflächenversiegelt gegen Verschmutzen und Verkratzen
- Seidenmatt
- Datumsangabe auf der Rückseite
- Selbstklebe-Etikett zum Einkleben ins Album

Foto Quelle

IHR SPEZIALIST RUND UMS BILD

Über 100x im Großraum Nürnberg bei Ihren Foto-Quelle-Partnern
und überall in Ihren Quelle-Kaufhäusern!

Aus der Welt der Technik:

Wir bedienen einen PC

Man kann es vielen Tausenden und Abertausenden Prospekten entnehmen: Der Personal-Computer - von Menschen mit nicht soviel Zeit auch kurz PC genannt - ist unser Freund, unser guter Kamerad an einsamen Winterabenden, Ansprechpartner, Weggefährte, Briefeschreiber, Buchhalter, Terminator, Endlosdrucker. Oder so gesagt: Er bildet einen Herzenswunsch um dreitausend Mark, den wir uns auf jeden Fall vor Weihnachten erfüllen sollen. Auch ist er kinderleicht zu bedienen.

Bereits das Auspacken eines PC erfreut jedes Kinderherz. Aus vielfältigen Kisten, Kartons, Schachteln und Beuteln wühlen wir uns durch einige Zentner Styroporkügelchen und stoßen nach zwei bis drei Tagen dann auf ein ganz kleines Gehäuse, unseren langersehnten PC.

Die nächste kinderleichte Tätigkeit ist das Durchlesen der circa zweitausendfünfhundertseitigen Bedienungsanleitung. Beim ersten flüchtigen Blättern finden wir interessante Hinweise auf eine wahrscheinlich bald eintretende Geisteskrankheit. Unter anderem sollen wir auf einen Interleaved Strichcode-Typ 2 von 5 achten, erfahren was über ein gewisses Hexadezimal 1 B und eine Exit-Funktion. Über eine Art Fernseher huscht derweil ein Blitz. Aus der Küche ruft jemand: „Isser scho oogschlossn, dei Kombuder?!"

Eigenartige Sachen wie ein Online-Voreinstellungsbetrieb ergreifen von uns Besitz, eine Befehlssprache DPL 24C Plus, 24 BIT-Datensätze oder 3 Datenbytes. Im Inneren schon irgendwie frierend, fragen wir uns bang: Was könnte wohl ein Erasabale And Programmable Read Only Memory, kurz EPROM, sein, rein hexadezimalmäßig gesehen? Aus der Küche ertönt der mahnende Ruf: „Gäider edzer ball, dei Kombuder!?"

Wir betätigen eine Taste, die laut Kapitel „Zeitliche Steuerung der Datenübertragung", Seite 2434, Absatz Acknowledge, einen Handshake zur Folge hat. Wieder blitzt es und links am Fernseher erscheint das Wort Error. Ein Begriff, der uns noch lange begleiten wird. Wahrscheinlich handelt es sich um ein Lebenszeichen des lang als verschollen geglaubten Filmschauspielers Error Flynn.

Nebelhaft erinnern wir uns an die Worte des PC-Verkäufers: „Einfach anklicken, bewegen, loslassen, fertig. Sie haben es sofort im Griff." Wir haben eine Flasche fränkischen Salmiakgeist im Griff, trinken zügig und sinnieren währenddessen darüber nach, ob wir acht Semester Informatik auf der Alexander-Trunkenboldt-Universität oder ein Wurstbrot belegen sollen. Um uns bilden sich kleine Spiralnebel.

Wir lesen, daß „Ein" sich nicht auf den Drucker, sondern auf den Rechner bezieht, also folglich „Ein" beim Drucker selbstverständlich ein ankommendes „Aus" als gesendetes Signal beim Rechner bedeutet (Seite 2314, Kapitel „Verdrilltes Rückleitungspaar"). „Wäi lang", hören wir die Stimme aus der Küche an unser nunmehr kombattibles Ohr dringen, „wäi lang dauerdn des edzer nu mid dein Kombuder?!" Es dauert schon nicht mehr lang.

Wir nehmen die in der Bedienungsanleitung nicht näher erläuterten, aber dennoch ebenfalls kinderleichten Kartons, Kistchen, Schachteln und Beutelchen, bringen mit sämannartigen Bewegungen im Garten die nagelneuen Styroporkügelchen aus und haben ums ganze Haus herum weiße und quietschende Weihnachten für nur dreitausend Mark. Und während wir noch Schnee säen, sagt oben im Wohnzimmer unser Kombuder leise, aber glücklich immer und immer wieder: „Error auf Erden und den Menschen ein Wohlgefallen."

Aus der Welt der Dichtkunst:

Das Gästebuch
und seine Folgen

In den kalten Januar-Nächten häufen sich jetzt wieder die Einladungen bei mehr oder weniger guten Freunden. Noch schlimmer als das dort angebotene makrobiotische Abendessen stellt sich uns kurz vor dem Heimgehen ein Dringlichkeits-Antrag des Gastgebers auf dem Gebiet der Wohnzimmer-Poesie dar. Er steht vor uns mit einem in Gazellenleder gebundenen Buch und bittet uns wie nebensächlich: „Gäih, häsd mer nu gschwind a boor Zeiln ins Gäsdebuch neigschriem." Bereits bei dem Wort Gästebuch sträuben sich die Nackenhaare, im Kopf entsteht ein Vakuum, und die rechte Hand wird von einem schweren Schreibkrampf befallen. Wir gehen geschwind aufs Clo, wo wir zwischen Wöhrl-Pool und Waschbecken hin und her schreiten, in der Hausapotheke nach irgendeinem Selbstverstümmelungs-Gerät suchen und uns schließlich am Abortdeckel - in der Haltung des Denkers von Rodin sitzend - die alles entscheidende Frage stellen: „Wos schreibin nei??!"
Wir deklamieren die ersten Reime ins Unreine: „Lieber Franz/ die Gans/ war gut/ frohgemut/ Stock und Hut/ steht ihr gut/ rot wie Blut..." Schweiß durchdringt die Poren, wir winden uns aus dem Endlosreim auf Hut, Gut, Blut und wohlgemut nicht mehr heraus. Unser Gastgeber ist ein promovierter Altphilologe, er erwartet mehr von uns als lediglich gut, frohgemut, Blut und

167

Hut. Außerdem hat es keine Gans gegeben, und er heißt nicht Franz. Wir speien vor dichterischer Anspannung kurz ins Clo und heben erneut an: „Es war ein schöner Abend, wir saßen bei Euch labend, grabend, trabend, zappend -uster..." Plötzlich klopft es an die Clotür, und wir vernehmen die Stimme des Hausherrn: „Wäi lang hoggsdn du nu am Abodd?? Du moußt fei nu ins Gäsdebuch neischreim!"

Der Gästebuchdichter begibt sich wieder ins Wohnzimmer, nimmt aus Versehen einen kräftigen Schluck aus der Essigkaraffe, während es in ihm hexametermäßig arbeitet: „Es war wieder einmal wunderbar, leider ist es jetzt schon gar, gern kommen wir wieder zu Euch - Keuch." Die restliche Gesellschaft debattiert gerade die Frage, ob das Morbid-Existentielle bei Albert Camus in diesen apokalyptischen Tagen wieder sehr zeitgemäß ist, da platzt es aus uns verzweifelt heraus: „Greizkiesldunnerweddernei! Wos reimdsin aff Euch??" „Aff uns", entgegnet die Dame des Hauses, „wos solln si aff uns reimer?"

Wir sitzen wie auf Kohlen, wobei uns der Reim einfällt: „Nichts kann brennen so heiß, wie wenn man nichts weiß." Wir wollen schon zum Kampfkugelschreiber greifen, aber auch dieser achtfüßige Jambus aus der Welt der fossilen Dichtkunst bringt uns letztlich nicht weiter. Wie durch eine dicke Nebelwand vernehmen wir die Stimme des Hausherrn: „Horch, du mousd mer fei nu wos ins Gäsdebuch neischreim!"

Wir sinnieren, ob wir die Wohnung in Brand stecken, die Polizei wegen schwerer Nötigung alarmieren, oder aus dem Fenster hupfen sollen. Aufgebracht setzen wir zum nächsten Gedicht an: „Leck mich am Arm/ der Darm/ is schwer/ der Kopf ganz leer/ viele Nöte/ Gruß, Dein Goethe." Es folgt der nächste Versuch: „Es war sehr schön/ wir müssen leider göhn/ doch wir kommen wieder/ trotz Sturm und Gwieder/ wenn die Tulpen sprießen/ lassen wir es uns nicht verdrießen/ das Gedicht ist aus/ wir gehn nach Haus."

Schüttelfrost kommt auf, Herzstechen kündet sich an, der Hals schnürt sich zu und auf der Tragbahre erreichen uns die mahnenden Worte unseres Freundes: „Obber du mousd mer fei nu ins Gäsdebuch neischreim!" Dichten ist schwer, wir kommen nie mehr.

Aus der Welt der Musik:

Die Gruppe Holzdübel Live in Concert

In dieser schönen Sommerzeit gibt es nichts Angenehmeres, Sanfteres, Einschmeichenlderes, als sich samstags in seinen Kampfanzug zu hüllen, drei bis vier Weizen ins Schulterhalfter, ein Öko-Schnitzel untern Stahlhelm, Balsam ins Ohr - und auf geht's zu einem der zahlreichen Open-Air-Konzerte in Stadt und Land!

Für lediglich achtzig Mark Eintritt lassen wir uns dort sechs Stunden lang die Hucke volldröhnen, daß wir am anderen Morgen aus dem Ohrenkoma erwachen und nicht mehr genau wissen, ob wir die Hardrock-Night in einer rotierenden Mörtelmaschine, in einem Walzwerk oder unter einem Panzer verbracht haben.

Wer noch nie eine Psychodelic-Funk-Soul-Honk-Stöhn-Ächz-Gruppe wie etwa die Klemmenden Wäschezwicker, Dr. Dreschflegel and his Presslufthammers oder Burning Kirschwasser live, beziehungsweise halbdead im BRK-Zelt am Dutzendteich erlebt hat, kann gar nicht ermessen, welche allgemeinen Schönheiten im Rahmen der mittelfränkischen Lärmschutzwallverordnung so ein Open-Air-Konzert bietet.

Das wichtigste ist, wie schon kurz erwähnt, die Entrichtung des Eintrittspreises, sowie der Kauf eines sogenannten Tee-Hemdes für 40 Mark, eines Posters für 20 Mark, eines Stehkissens für 10 Mark und einer Sicherheitsmütze mit der Aufschrift „Listening to Engerling '91" um 5 Mark. Nach dem Genuß von zehn Dosen Glühbier zu 50 Mark durchschreiten wir dann in Form einer städtischen Litfaßsäule mit 60 000 anderen betrunkenen Musiksachverständigen die schlupflochartigen Einlaßtunnels.

Nach zwei Stunden befinden wir uns auf dem uns zustehenden, numerierten Ex-Grashalm und lauschen dem unermüdlichen Klopfen, Hämmern, Bohren, Sägen und Basteln der fleißigen Bühnenarbeiter. Anschließend erscheinen auf der Stage bereits die ersten Elektro-Diplomingenieure, Hochfrequenz-Professoren und Starkstromkabel. Es folgt der Sound-Check. Drei Stunden lang vernehmen wir den aus den USA stammenden Hit „One, Two, Three, Probe". Es handelt sich um eine Terz, dargebracht von der Vorgruppe Holzdübel.

Auf unseren Aussichtsschultern ruhen schon verschiedene Funk-Rock-Heavymädels und brüllen freundlich zu uns runter: „Äih Alder, clap your hands!" Aber wie soll man seine Händs clappen, wenn jemand draufsteht?

Draußen auf der Bühne ist inzwischen der Meister aufgetaucht. Rocking Richard himself, und singt sein Lied von der Einsamkeit der Welt. Aufgrund der Momentan noch nicht so fortgeschrittenen Einsamkeit in der Welt können wir Rocking Richard von unserem Stehplatz aus zwei Kilometer Entfernung nicht sehen, aber umso besser hören.

Die Ohren rollen sich schon blaukrautartig zusammen, der Sound erreicht auch entlegene und völlig unmusikalische Körperteile wie Milz, Zwölffingerdarm oder die Haarspitzen, und ein dezibelerprobter, dreizehnjähriger Herr hinter uns brüllt: „Brummd dou a Muggn, odder schbilln däi scho?" Tatsächlich hört man in dreißig Kilometern Entfernung schon fast gar nichts mehr.

Schließlich geht die Sonne unter, im Rhythmus der Folk-Gruppe Fußschweiß schwenken wir befehlsgemäß die Flamme unseres Einwegfeuerzeugs verträumt in der Finsternis. Wenn unser Daumen, das letzte noch intakte Organ, durch den Flammenflug des Feuerzeugs lichterloh brennt, wenden wir uns dem Heimweg zu. Wieder ist ein schönes Open-Air-Konzert und ein Daumen zu Ende.

Der
Humor-Virtuose

Die Kunst, Witze zu erzählen, ist nicht jedem gegeben. Auch der ansonsten außerordentliche, mündelsichere Bilanzkaufmann Gerhard W. hat mit dem Setzen von Pointen, mit dem zügigen Durcherzählen einer lustigen Begebenheit und mit dem Auseinanderhalten mehrerer verschiedenartiger Witze Schwierigkeiten.

Einer seiner besten Witze, eingetragen in einen kleinen Taschenkalender, hat mit einer Schlägerei geendet. Am ärgsten hat es Herrn Walter K. erwischt, einen versierten Kenner des fränkischen Humors. Er ist Teilnehmer einer Wirtshausgesellschaft gewesen und hat nach drei Bier eine knappe Stunde lang Witze erzählt. Daraufhin hat sich Gerhard W. aus einem kurzen Zwischenschlaf mit den Worten zurückgemeldet: „Iich wisserd aa an!" Niemand hat es registriert.

Etwas lauter und mit dem hoch erhobenen Taschenkalender gab er erneut bekannt: „Derf iich aa amol an erzilln?" Kein Mensch wollte von dem Witz aus dem Taschenkalender was wissen. In seiner Verzweiflung begann Gerhard W. sodann ohne weitere Vorwarnung: „Also dou is der Lehrer in der Volgsschul amol in die Klass neikummer..." „In welche Volgsschul?", fragte Walter K. dazwischen. „es gibd ka Volgsschul mehr. Es gibd a Grundschul, a Haubdschul und nou gibds nu in gwalifizierdn Abschluß."

Es schloß sich eine Debatte über das bayerische Bildungswesen an. Während dieser Diskussion erzählte sich Gerhard W. seinen Witz selber, wurde dabei vom eigenen Gelächter schwer erschüttert und nutzte die dadurch entstandene, sorgenvolle Gesprächspause sofort für den dritten Versuch. „Also, dou ist der Fridzla", sagte er, „in der Schulbank drinner g'hoggd und hodd dringend amol ausdreedn mäin." Walter K. warf ein: „Dou konni edzer obber goornedd lachn."

Wieder hob der Witzeerzähler an, schilderte die Nöte dieses Fritzla in der Schulbank, flocht den Lehrer mit ein, ein Schulrat tauchte auf, von einer Wasserspülung war die Rede, Gerhard W. hatte die Pointe vergessen.

Drei Herrn vom Stammtisch standen wortlos auf. Einer zahlte, zwei strebten zur Toilette. Gerhard W. startete erneut: „Also iich mecherd edzer aa amol ann erzilln. Dou is der Gerch..." „Grood hodder nu Fridzla g'hassn", bemängelte Walter K. „Ja kommer denn dou", brüllte der schon schwer schwitzende Witzeverwechsler, „kommer denn dou nedd in Ruhe amol an Widz erzilln?!" Walter K. antwortete: „An Widz scho."

Nach diesen Worten war die Nervenkraft des Humoristen Gerhard W. erschöpft. Er schüttete seinem letzten noch verbliebenen Zuhörer ein Hefeweizen ins Gesicht, zertrümmerte auf ihm eine Bierflasche, und die Schlußpointe bestand aus einigen Schelln. Der Wirt mußte die Polizei alarmieren, der Herr Gerhard W. bei der ersten Vernehmung erklärte: „Also ooganger is suu, daß der Lehrer in der Volgsschul fräih in die Klass kummer is." Mehr wollten auch die Polizisten nicht hören.

Wegen Körperverlezung, Widerstand gegen die Staatsgewalt und einer Überdosis Humor wurde Gerhard W. zu einer Geldstrafe von 2400 Mark verurteilt. Was der Zeuge und Kontrahent mit den Worten kommentierte: „Endli amol wos, wou mer ba den Doldi lachn konn."

Wie ein Preßsack
unter die Räder kam

Staus auf der Autobahn, auf städtischen Durchfahrtsstraßen oder anderen großflächigen Parkplätzen entstehen meist durch Auffahrunfälle, Baustellen, Nebel oder durch eine polizeiliche Verkehrsregelung. Ganz selten besteht die Ursache für einen Stau aus einem Preßsack, mehreren Bauernseufzern, rohem Schinken, Krakauer, Leberwurst, russischen Eiern und Radieschen. Ein Herr Gerhard S., der seinen 60. Geburtstag in der Stadtverwaltung mit einem kalten Büffet feiern hat wollen, ist jetzt in den Genuß gekommen, sich wegen der Vermischung von Straßenverkehr und Streichwurst vor dem internationalen Gerichtshof in der Fürther Straße verantworten zu dürfen.
Er hat an seinem Geburtstag das für Bürofeiern sehr beliebte kalte Büffet in einer Metzgerei bestellt und dieses kunstvolle Gebilde in der Mittagspause persönlich abgeholt. Schon der Balanceakt durch den Metzgerladen hindurch bis auf den Geh-

173

steig war reif für eine Gala im Moskauer Staatszirkus. Es ist dem Jubilar lediglich beim Betreten der Straße eine Schweinskopfsülze in den Gully gerutscht.

Strafrechtlich interessant ist der Wurst-Transport aber erst kurz vor dem Erreichen der anderen Gehsteigseite geworden. Noch knapp zwei Meter hätte der Gerhard bis zum rettenden Randstein gehabt, da hat ihn der Außenspiegel eines Autos am Arm gestreift und die auf dem riesigen Vesperbrett sorgfältig geschlichtete Brotzeit ist zu Boden gegangen. Der Autofahrer namens Herbert erinnerte sich noch ganz genau: „Der Gimbl schaud nedd lings und nedd rechds und rennd nou mid seiner halberdn Worschdfabrigg wäi a Bläider über die Schdrass. Der konn frouh sei, dassin nedd überfoohrn hob." In der ersten Schrecksekunde hatte dieser Herbert schon das Schlimmste befürchtet. „An mein lingn Vorderreifn", erinnerte er sich, „dou hodds gwaadschd, wäi wennin iibern Fouß gfoohrn wär. Es is obber nerblous a Bressagg gween."

Nach der schweren Preßsackverletzung kniete sich Herr Gerhard S. mitten auf die Straße und sammelte das abgestürzte kalte Büffet wieder ein, ordnete alles vom Radieschen bis zur Kalbsleberwurst auf das Servierbrett, der Verkehr war bereits in einer Länge von zwei Kilometern gestaut, und verschiedene Autofahrer hupten. In diesem allgemeinen Chaos fragte der Wurstschlichter den Herbert: „Kenndn'S vielleichd amol aweng vo mein Bressagg runderfoohrn?" Daraufhin entgegnete Herbert: „Wennsd edzer nedd glei schausd, dassd verschwindsd, nou foohri der iiber deine Händ driiber, dassd maansd, dir schauer zwaa Bfannerkoung aus die Ärml raus!"

Ein Dessert in Form von zwei Pfannkuchen war für das Geburtstagsessen eigentlich nicht vorgesehen. Der Gerhard erhob sich und benützte seine zwei Hände zur Abwatschung des ungeduldigen Herbert. Wegen Verursachung eines Innenstadt-Staus, Vernachlässigung der Preßsackaufsichtspflicht und Körperverletzung wurde er zu einer Geldstrafe von 2000 Mark verurteilt.

Das kalte Büffet aus Anlaß des 60. Geburtstags wurde trotz des Unfalls noch serviert. „Des hodd mer alles nu essn kenner", sagte der städtische Angestellte Gerhard S., „nerblous der Bressagg hodd aweng nach Gummi gschmeggd."

174

Das Ende des Öko-Kugelschreibers

Wie jeder schon seit langem ahnt, sind ungefähr neunundneunzig Prozent aller Wirtschaftsprodukte vom sprungbeinfreundlichen Torsions-Trekkingschuh bis zum Hochgeschwindigkeits-Einspritzer irgendwie sinnlos. Der in Gibitzenhof beheimatete Erfinder und Marktanalytiker Ludwig E. hat sich über den Mythos von Angebot und Nachfrage im Bereich der Produktentwicklung schon seit vielen Jahren schwere Gedanken gemacht.

Unter anderem hat er während dieser Forschungen den Taschenaschenbecher erfunden, den zusammenklappbaren Faltmaßkrug, eine Clobürste mit Spieluhr, auf der die bayerische Landeshymne ertönt, und den damals vor allem in seiner Nachbarschaft aufsehenerregenden Kanonenschlag „Doppel-Wumm", dessen Serienherstellung von einer Polizeistreife verhindert wurde.

Jetzt ist Ludwig E. wegen Betrug vor Gericht gestanden. Er hat von dem ebenfalls sehr zukunftsorientierten Rentner Helmut S. zwanzigtausend Mark erbeten für das Projekt eines ökologischen Mehrweg-Kugelschreibers. Die zwanzigtausend Mark haben sich in Luft aufgelöst. „Des is eine Sauerei", sagte der Helmut vor Gericht, „daß nemmer schenner gäid! Der Maulaff hodd zu mir gsachd, dassi innern Joohr meine zwanzgdausnd Marg widder hob, und nocherdla mach mer mid den Kuuglschreiber einen Gewinn, daß uns die Aung drobfn." Die Augen haben dem Helmut aber lediglich auf der Suche nach seinen zwanzigtausend Mark getropft.

Der Amtsrichter verdächtigte den Ludwig, daß die Entwicklung seines Öko-Kugelschreibers eventuell von vornherein ein Krampf war. „Ja, von wegen!", wehrte sich der Ludwig. „Des is ein Hammer gween, Herr Richder! Millionen vo Kuuglschreiber häddn mir broduziern kenner. Vom Exbord willi amol nu goornedd reedn. Iich sooch blouß: Holzgehäuse, kombosdierfähiche Kuuglschreiber-Paste und als Mine a Schdrohhalm mid Babberdeggl verschdärgd!"

Sowas wird doch nicht gekauft, wandte der Richter ein. „Alles werd kaffd", sagte der Ludwig, „mer mouß die Leid nerblouß gloormachn kenner, dassis braung. Dou derzou hobbi aa den seine zwanzgdausnd Marg brauchd. Wall iich hob in die Fernsehwerbung neigäih wolln."

Nachdem aber von dem Öko-Kugelschreiber nichts im Fernsehen erschienen ist, war die Frage des Vorsitzenden schon berechtigt, wo sich die zwanzigtausend Mark befinden. „Genau wassis aa nedd", sagte der Ludwig, „obber aff jeedn Fall im Kreislauf vo der Margdwirdschafd." Weil der Ludwig vor zwei Jahren auf ähnliche Weise schon einmal fünftausend Mark Fremdkapital pulverisiert hatte, wurde er jetzt zu sechs Monaten auf Bewährung und einer Geldbuße von sechstausend Mark verurteilt.

Nach der Verhandlung wollte ein Zuhörer im Saal vom Ludwig wissen, woran die Entwicklung des Öko-Kugelschreibers mit der kompostierfähigen Kugelschreiber-Paste gescheitert ist. „Wos hassd dou gscheiderd!?", sagte der Erfinder, „des is eine Weldrewoluzion gween! Umweldfreundlich bis dordd hinaus! Es aanziche woor, dasser nedd gschriem hodd."

Zahnlos

Geübte Pfeifenraucher sind mit ihrem qualmenden Gesichts-
schornstein bekanntlich fest verwachsen wie mit jedem anderen Körperteil auch. Beim Gehen, Stehen, Schlafen und teilweise sogar bei noch intimeren Tätigkeiten ist die Pfeife im
Mundwinkel immer dabei. Eher vergißt ein Pfeifenraucher
das Atmen als das unentwegte Ziehen an seiner Dampfma-
schine.
Diese Anhänglichkeit ist dem Meerschaumpfeifen-Gewohn-
heitsraucher Karl M. zum Verhängnis geworden. Er ist jetzt
mit einer breiten Zahnlücke als Zeuge vor dem Amtsgericht
erschienen und hat dem entschiedenen Pfeifengegner Franz A.
schwere Gebißentstellungen und dadurch hervorgerufene
Sprachstörungen vorgeworfen. Infolge der Zahnlücke hat
Karl M. zum Beispiel nach seiner Aussage geäußert: „Iich
före, fo fahr mir Gott felfe." Es hat heißen sollen: Ich schwöre,
so wahr mir Gott helfe.

Karl M. ist an einem Montag vormittag mit der Pfeife voran am Hasenbuck in die U-Bahn gestiegen, und am Weißen Turm hat er ohne Zähne schon wieder aussteigen müssen. „Horchamol Masder", hat der ihm gegenübersitzende Franz in altfränkischer Höflichkeit gesagt, „hommer gwiss aweng Domaadn aff die Aung? Dou schau hii - fiir die Debberla homs sugoor a Bildla gmoold: Raung verbuudn! Nix Fumare, null Smoking. Mach den Machorga-Uufn aus, sunsd rauchds wou ganz anderschd!" Daraufhin erklärte der Karl seinem gegen Rauchsignale anscheinend allergischen Nachbarn, daß er zwar die Pfeife im Mund hat, daß sie aber längst erloschen ist, und kein Wölkchen die reine Atmosphäre der Nürnberg-Fürther U-Bahn trübt. „Rauchverbood is Rauchverbood", befand der Franz, „dou serfoordd die Bfeifn aus der Goschn, sunsd zäichi die Noodbrems!" „No also edzer horng'S amol", sagte der Karl, „worum reeng nern Sie sich edzer dou suu aaf? Iich sooch Ihner doch, ma Bfeifn is kald." Sekunden später fuhr er in einer völlig fremdartigen Srache fort: „Fie, Herr, fo if meine Feibe? Gefen Fie ferfordd die Feibe zerrigg!" Es hat bedeutet: „Sie, Herr, wo ist meine Pfeife. Geben Sie sofort die Pfeife zurück." Kurz vor diesen Sprachstörungen hatte der Franz dem hartnäkkigen Pfeifenlutscher mit einem schnellen Ruck das Mundstück aus den zusammengepreßten Lippen gezogen. Hinter den Lippen haben sich noch Zähne befunden, die dem Ruck ebenfalls nicht standhielten. „Def hof iich erfd fäder gfergd", sagte der Karl, „daf mer der fei Fähne raufzuung hodd." „Bitte?", fragte der Herr Amtsgerichtsrat. „Daf die Fähne herafen find", schrie der Zeuge verzweifelt, „haf ich goornedd gleif gfergd."

Diese und andere unverständlichen Äußerungen des Rauchopfers Karl M. waren aber für den Fortgang der Verhandlung nicht sehr notwendig. Franz A. wurde wegen Pfeifenraub und unbefugter Zahnextraktion zu einer Geldstrafe von 900 Mark verurteilt. „Und fer", sagte der Karl am Schluß noch,„erfefd mir den Fachfaden, Herr Fichder?" Er hat vom Herrn Richter wissen wollen, wer ihm den Sachschaden ersetzt. Der hatte statt Fachfaden und Sachschaden das Wort Dachschaden verstanden und die Verhandlung schleunigst beendet.

Aus der Welt der Sollzinsen:

Briefmarkenbefeuchter bangen um ihren Arbeitsplatz

Gestern ist der Herr Oberbürgermeister vor der Lorenzkirche beim Herumlungern erwischt worden. Er ist dort auf dem venezianischen Edelpflaster gesessen, hat auf dem letzten Loch gepfiffen und mittels eines Second-Hand-Hutes von den Passanten Geldstücke zum Ausgleich der städtischen Dekkungslücke in Höhe von 26 Millionen Mark erheischen wollen. Es ist Alarmstufe eins, die Stadt befindet sich auf dem Weg in die Verelendung. Wenn nicht noch ein Wunder geschieht, muß sie versteigert und wahrscheinlich als Vorort von Fürth eingemeindet werden.

Um das Schlimmste zu verhüten, soll die Verwaltung sparen, aber naturgemäß nicht im Verwaltungspersonalbereich selbst. Man kann Volksbäder, Kulturläden, Altersheime, Obdachlosenasyle der Schmitzhacke zum Opfer fallen lassen. Aber keinesfalls soll man in das Personalgefüge unserer lediglich 15 000 Regierenden eingreifen. Denn dieses feinziselierte System in den Labyrinthen zwischen Vesper, Brotzeit, Kaffeepause und höchster Verantwortung ist derart ausgeklügelt, daß es durch die Einsparung auch nur einer einzigen Unteramtmannstelle zum sofortigen Einsturz ohne Bewährung verurteilt wäre.

Nur einmal angenommen, der dritte stellvertretende Briefmarkenbefeuchter im Amt für die Runderneuerung von Baumscheiben geht in den wohlverdienten Ruhestand und wird nicht mehr ersetzt. Zunächst vielleicht keine alarmierende Sachzwangentscheidung. Denn auch der Cervelat-Leiter Büroklammerbeschaffung II hat nachmittag beim Heraustaumeln aus den Ratsstuben eine einigermaßen feuchte Zunge, die ihn zum dritten Briefmarkenlutscher befähigen würde. Allerdings bleiben dann in der arbeitsintensivsten Zeit von 14.00 Uhr bis zum Feierabend um 14.10 Uhr zahllose Büroklammern unverrichteter Dinge liegen.

Im Amt für ordentliche Öffnungen hat vielleicht ein Sachbearbeiter für das allgemeine Gullydeckelwesen III innerhalb von nur drei oder vier Monaten zwei Formulare mit seinem Wissen angefüllt. Er möchte die Schlitze in seinen Gullydeckeln dergestalt erweitern, daß die Zwischenräume wegfallen. Wodurch viele Betrunkene nach dem Hineinfallen sofort durch die Kanalisation weggespült werden. Dadurch ergeben sich Einsparungen im Reinigungs- und Fuhramt.

Dieser Sachbearbeiter harrt also unermüdlich auf seinem Dienstsofa, zufrieden mit dem Erarbeiteten, ist aber betreff dem Büroklammerbeschaffungswesen schon verzweifelt. Er möchte die Formulare zusammenheften, doch Monate, Jahre vergehen, aber der Büroklammermangel bleibt bestehen. Die Einsparung eines Briefmarkenbefeuchters im gehobenen Dienst also ein katastrophaler Bumerang!

Ähnlich verhält es sich natürlich mit städtischen Redeschreibern, auch Filzstifte genannt, mit den derzeit noch in Vorbereitung befindlichen Ämtern eines dritten, vierten, fünften und sechsten Bürgermeisters, mit hauptamtlichen Bleistiftspitzern, Bildwerfern, Stenoblockwarten, der in den Himmel ragenden Dienststellenleiter im Amt für Bekehrungen und vielen, vielen anderen Planstellen. Wer hier den Rotstift ansetzen will, knebelt das Recht für die freie Schlafzimmerwahl. Es muß erreicht werden, daß eines Tages alle Nürnberger städtische Beamte sind. Dann ist Friede auf Erden und keine Deckungslücke von 26 Millionen Mark mehr. Deswegen: Sparen ja, aber nicht am eigenen Sitzfleisch.

Aus der Welt der Erholung:

Eisenschusser, Ledereier & Co.

Es ist jetzt die Sommerszeit angebrochen, wo der geplagte Stadtmensch sich nach Feierabend auf der Liegewiese eines amtlich beglaubigten Volksparks erholt. In städtischen Hinweisbroschüren werden diese Wiesen als Oasen der Ruhe inmitten des quirlenden Großstadtgetriebes geschildert, wo der Metropolenmensch neben leeren Bierdosen und bunten Glasscherben auch Muße, Entspannung, Selbstbesinnung und das innere Ich findet.

Offenbar ist der Verfasser dieser städtischen Schönschrift in einer Winternacht 1948 gegen 24 Uhr auf einer dieser Oasen gelegen und hat während eines Schneetreibens auf sein inneres Ich gelauscht. Momentan würde ihm dort vielleicht während der Selbstfindung ein Baseballschläger den Kopf in zwei Hälften spalten und eine Bocchia-Kugel das Auge für zwei Wochen außer Kraft setzen. Oder aber der erholungssuchende Nürnberger liegt irrtümlich im Strafraum eines Fußballspiels Nähmaschine Wöhrd gegen Dynamo Dürrenhof und endet als Opfer eines Preßschlags.

Das quirlende Großstadtgetriebe ist ein Dreck gegen eine städ-

181

tische Liegewiese. Ständig schlagen Kugeln, Kegel, Hartholz-bälle, Eisenschusser, Ledereier und Katapultflieger neben oder in uns ein. Schon ein mit Wucht geschlagener Baseball kann infolge seines Härtegrades bis zu unserem inneren Ich im unteren Bauchbereich vordringen, sodaß wir innerhalb weniger Sekunden das Jodeln beherrschen.

Sehr zielstrebig sind auch die ferngesteuerten Drachen, die mit einem trommelfeuerartigen Geräusch durch die Lüfte knattern und sich ähnlich dem Bussard, Habicht, Jäger 90 auf Mensch, Tier oder einen gerade ausgebreiteten Leberkäs stürzen. Vor ihnen die Flucht zu ergreifen, ist sinnlos, denn die Kampfdrachen sind dem Mensch durch ihre Unberechenbarkeit im Luftkampf vollkommen überlegen.

Kaum eine Chance hat der ängstlich auf einer Grünfläche Kauernde auch gegen das Wurfspiel Dart. Ursprünglich wurde der Dart-Pfeil auf eine Scheibe geworfen. Durch die Verbesserung der Athletik treten inzwischen aber Mängel beim Zielen auf, und die Pfeile stecken in Wange, Wampe oder Hintern von zufällig vorbeischlendernden Passanten. Sie ähneln nach der Bombardierung einem gespickten Rehbraten.

Ebenfalls sehr abwechslungsreich ist das Strandtennis, wo der widerstandsfähige Hartgummiball, Kaliber 50 Millimeter, genau in einen zum Trinken geöffneten Mund paßt. Sofort nach dem Einlochen ist man sprachlos.

Gewitzte Ruhesuchende graben sich in ihrer Oase der Entspannung jene den Schützengräben im ersten Weltkrieg ähnlichen Freizeitmulden, wo sie sich dann dicht auf die Erde pressen. Aber auch dort können wir von Frisbee-Scheiben, Modellfliegern oder einem australischen Hartholz-Bumerang überrascht werden. Wenn uns dann noch gegen Abend einige Mountainbiker erklimmen, ein Turbo-Propeller die Kehle anschneidet, und wir von einem Volleyballspieler eine Trümmer Schelln empfangen, weil er unseren von zahlreichen anderen Angriffen geschwollenen Gniedlaskopf beim Schmettern für den Ball gehalten hat, schleppen wir uns schwer gezeichnet dem Heimweg zu.

Am Wöhrder See kühlen wir kurz unsere Wunden. Beim Auftauchen aus den Fluten rammt uns ein Surfbrett. Es hat unseren seufzenden Kopf mit einer Heulboje verwechselt.

Während Sie bei einem guten Buch relaxen,

kümmern wir uns gerne um Ihre ganz SPEZI-ellen Reinigungswünsche!

NÜRNBERG
BAMBERG • DEGGENDORF • DONAUWÖRTH
DRESDEN • JENA • SELB • WÜRZBURG

Die Schattenseiten
der Schönheit

Übertriebener Schönheitssinn hat neben einer strahlenden Schönheit auch unerwünschte Nebenwirkungen. Wie Gurkenscheiben im Gesicht, Beauty-Creme im Gehörgang oder Ebbe im Geldbeutel. Bei Herrn Walter F. hat der Drang nach einer schönen Erscheinungsform zur Beinahe-Amputation einer kleinen Zehe geführt.

Angeklagt war die Hand- und Fußpflegerin Margit K., die mit einem Kosmetikköfferchen Hausbesuche macht. „Also erschdns amol", begann sie, „is der Herr dou ka Herr, sondern a Wilzau. Beddiküre häddi machn solln, Herr Richder. Ba den seine Fäiß! Dou häddi Asbesd-Handschuh brauchd und an Wäschezwigger für die Noosn. Däi Fäiß hom ausgschaud, wäi wenner a Wochnend-Wanderung barfers durch an Kouhschdall gmachd hädd!"

Der Walter wollte was einwenden. Was er einwenden wollte, blieb aber im Dunkel, denn die Margit schrie sofort dazwischen: „Hald die Goschn, edz reed iich!" Nach der Erteilung einer Ordnungsstrafe fuhr sie fort: „Iich hob nou zu ihm gsachd, dasser seine Oodl-Schdambfer middern Sandschrahlgerääd reinichn soll."

Der Walter wollte erneut was zum besten geben und kam wieder nicht zu Wort. „Des woor ja nunni alles, Herr Richder", schilderte sie den Verlauf der Pediküre, „er hoddsi nou gwaschn. Und nou hodder mi gfroochd, fiir wossi mei Kefferla derbei hob. Nou hobbi gsachd, dou kummer die Fußbilz nei, däi wou mer edzer zwischer deine Zeher findn. Nocherdla woorer beleidichd."

185

Schon wieder wollte der Walter was äußern, aber die Margit war schneller. „Wäi scho gsachd", schimpfte sie, „des woor ja nunni alles. Der Moo hodd einen Zidderer affn linkn Baa draff g'habd, dassi gmaand hob, der is anner Schdargschdromleidung oogschlossn. Den sollerd mer anner Nähmaschiner hiihoggn, mid sein Zidderer. Dou bringerder vielleichd nu wos."

Der Richter wollte den Walter etwas fragen, aber es antwortete sofort die Margit: „Der wass doch nix. Iich konns Ihner genau soong, wäis woor. Iich hob gsachd, er soll mid sein Gnäischnaggler aafheern. Wall iich bin ka Ardisd, der wou anner Kouh ihrn Schwoonz Hoorschneidn konn, wenns dauernd dermiid weedld. Nou woorer widder beleidichd. Waller ka Kouh is, hodder gsachd, däi wou middn Schwoonz weedld. Des is nervlich bedingd."

Nach einer kurzen Pause von etwa einer Zehntelsekunde fuhr die Margit fort: „Ner ja, und nou is kummer, wäis kummer hodd mäin. Iich will in Noogl vo der glann Zeher abschneidn - der woor neembei gsachd suu lang, dasser eingli scho durchn Schouh durchwachsn hädd mäin - also iich will den Noogl abschneidn, der fängd widder mid sein Zidderer oo, und nou hobbi ausverseeng die Zeher derwischd." „Sooderla", wandte sie sich an ihren Kunden, „edzer binni ferddi. Edz kummsd du droo."

Achtzig Mark, sagte der Walter schüchtern, habe die Fußpflegerin für die Behandlung verlangt. „Iich maan", wandte er noch ein, „des is scho aweng arch vill - achdzg Marg fiir a abgschniddne glanne Zeher." „Ja häddi der amend nuwos abschneidn solln?", fragte die Margit. Nein, sagte der Walter, höchstens einige Zehennägel.

Die kleine Zehe ist inzwischen wieder angewachsen. Der Richter verordnete, daß die Margit die 80 Mark zurückzahlen muß und daß dann das Verfahren eingestellt wird. „Kann Bfenning zoohli zrigg", sagte sie beim Hinausrauschgen, „morng kummi numol zu den Schwarzfußindianer zur Fußbfleeche und nou mach mer in Resd goor ferddi. Dou werdder dernouch denkn, daß a Dreschmaschiner a Dreeg is geecher mei Nooglscheerla."

Der Walter wollte noch sagen, daß er dankend drauf verzichtet, aber die Fußpflegerin Margit war schon fort.

Das Rotationsprinzip

Berühmte Manager müssen bei ihren Rationalisierungsbe-
strebungen oft ihr gesamtes Wissen einsetzen, monatelang
alles durchforsten, schuften, Kosten kalkulieren, neue Pro-
dukte erfinden, zusätzliche Absatzmärkte bis weit hinter Grafenwöhr suchen. Erst dann kommen sie meist drauf, daß man
der Einfachheit halber auch 300 Mitarbeiter entlassen kann,
und es rechnet sich wieder. Diese Top-Manager, die viel Geld
verdienen, sollten sich ein Beispiel an Herrn Franz D. aus
Schweinau nehmen. Er ist Inhaber einer Zwei-Mann-Firma
für Computer-Weichware. Die Firma besteht aus ihm und seinem Angestellten Erwin S.
Franz D. setzt bei seinen Rationalisierungsmaßnahmen ohne
große Umschweife sofort beim Personal an. Immer wenn der
Freitag nachmittag mit seiner Aussicht auf ein geruhsames
Wochenende naht, genehmigt sich der Herr Chef die eine oder
andere Flasche Frankenwein. Und wenn er einigermaßen
betrunken ist, pflegt er zu seinem, jeglichen Alkohol ableh-
nenden, Angestellten zu lallen: „Sie sin frisdlos endlassn!
Abmarsch!" Wenn er am Montag seine Papiere abholen will,
weiß der Chef von nichts mehr, und es hat sich erledigt.
So gehört Erwin S. mit seiner fast fünfjährigen Betriebs-
zugehörigkeit zu den wenigen Arbeitnehmern dieser Stadt, die
vielleicht schon zweihundertmal entlassen worden sind. Er

fürchtet den Freitag nachmittag mehr als jeden Computer-Virus. Jetzt haben die Massenentlassungen aber doch vor dem Amtsgericht verhandelt werden müssen.

„Herr Richder", sagte der Erwin, „wennsd ball jeedn Freidooch endlassn wersd und nou die Mondooch widder eigschdelld - also dou kommers scho langsam middi Nervn gräing. Iich hob ja masdns scho am Middwoch oogfangd, die Schdellnanzeing in der Zeidung leesn, walli gwissd hob - am Freidooch nach die erschdn drei Schobbn, fläichi widder naus." Am ersten Montag im neuen Jahr, als er nach einer fristlosen Kündigung gerade wieder eingestellt wurde, hatte der Erwin vom Rotationsprinzip seines Chefs endgültig die Nase voll.

Am darauffolgenden Freitag überwand er schon am frühen Vormittag erstmals seine Abneigung gegen alkoholische Getränke und hatte um neun Uhr, als der Firmeninhaber erschien, einen Hemmschwellen-Zusammenbruch von amtsärztlich festgestellten 3,4 Promille. Als der Chef kurz nach neun frohgemut die Firma betrat und seinen Mitarbeiter freundlich bat: „Gäih, häddn'S mer amol gschwind die Umsadzzoohln vom vurchn Joohr rausgsouchd", da schmetterte der Erwin zwei Personal-Computer zu Boden, schüttete eine Flasche Wein über die Tastatur, erkletterte mühsam den freigeräumten Schreibtisch und schrie von der Höhe: „Sie sin frisdlos endlassn! Abmarsch!"

Es ergab sich eine kleine Diskussion, zu der der Erwin oben auf dem Schreibtisch aber nichts anderes beitragen konnte als ein stereotypes „Frisdlos endlassn! Abmarsch!" Im Verlauf dieser einseitigen Debatte wurde auch der Erwin wieder entlassen. „Nou hobbi die Bollizei alarmierd", sagte Franz D. im Zeugenstand, „und wäis kummer sin, hodder däi nerdirli aa frisdlos endlassn. Obwohls ja goornedd ba uns angschdelld sin, gell."

Wegen Widerstand gegen die Staatsgewalt, Sachbeschädigung, Körperverletzung und mehrfacher Entlassung wurde der Erwin zu einer Geldstrafe von 2100 Mark verurteilt. Bei Franz D. ist er aber nach nur einer Woche Arbeitslosigkeit inzwischen wieder eingestellt. „Bis zon nächsdn Freidooch", sagte der Angeklagte nach dem Urteil traurig, „dou werri widder frisdlos endlassn. Abmarsch."

Der
Alleinunterhalter

Viele Menschen fühlen sich nach vielen Jahren des Dahin-
vegetierens zu Höherem, Künstlerischem berufen. Sie entdek-
ken, daß sie pfeifen können, auf dem Kamm blasen oder gar
Witze erzählen, vertrauen sich einer Künstleragentur an und
kosten von da an 1500 Mark pro Abend. Im Gegensatz zur
dumpfen Masse der nichtschöpferischen Menschheit besitzen
sie Autogrammkarten.

Herr Josef N., ein Kassettenrecorder-Spieler von hohen Gra-
den, hat jetzt seine Autogrammkarte auf den Verhandlungs-
tisch des Amtsgerichts gelegt und dazu bemerkt: „Im Rumbfunk
binni fei aa scho iiberdroong worn, gell!" Worauf eine Frau
Anni F. auf der Zeugenbank sagt: „Jawoll - woorscheins als
Sendebause!"

Auf eine düstere Empfehlung hin hatte die Anni den Josef für
ihre goldene Hochzeit als Alleinunterhalter verpflichtet. „Nach
den seiner Audogrammkarddn wennsd gäisd", erinnerte sich
die Anni, „dou is der Rudi Carrell a Dreeg dergeeng."

Josef N. ist also bekannt durch Film, Funk und Fernsehen,
singt, tanzt und führt mit wunderbaren Worten durch den
Abend, beherrscht kleine Kunststückchen und kann Stimmen

189

aller Art imitieren. Lediglich zwei Kleinigkeiten, die Herr Josef N. bis zur Perfektion beherrscht, sind nicht auf der Autogrammkarte gestanden: Er ißt für drei und saugt Flüssigkeiten wie Bier, Wein und Schnaps in sich auf wie ein trockener Schwamm. „Als erschdes", sagte die Anni, „hodder an unserer goldner Hochzeid sei Gaasche kassierd. Und nou hodder gsachd, edz mouser si erschd amol schdärgn, und nocherdla fängder obber glei oo." Dem Vernehmen nach soll Josef N. seine Darbietungen damit begonnen haben, daß er vier Portionen gemischten Braten zu sich genommen hat, einige Biere, diverse Flaschen Wein und zur Verdauung ein Kännchen Birnengeist. Er war sehr guter Stimmung. „Und nou hodder si vuur unsern Diisch hiigschdelld", schilderte die Anni den Verlauf des Show-Programms, „hodd a boormool grülbsd und is dauernd suu ummernander dorgld. Mir hom nu gscheid lachn mäin, wall mer gmaand hom, des g'herd zu sein Brogramm. Dasser an Bsuffner schbilld."

Josef N. erzählte einen Witz, der von einem Arzt, Freudenmädchen und Geschlechtsorganen handelte, und aus dem er auch nicht mehr richtig herausfand. Der Witz dauerte eine dreiviertel Stunde. Dann schrie er: „Und edzer - alles schunkeln!" Bei der Demonstration, wie man schunkelt, fiel er hin und konnte sich nur mit Hilfe der Bedienung wieder aufrappeln. Als ihn die Anni mit den Worten „Schau edzer blous, dassdi schleigsd" höflich hinausbitten wollte, brüllte er: „Iich bin fiir fimbf Schdund angaschierd und nou zäichi däi fimbf Schdund aa durch! Ein Künsdler wäi iich, lässd si doch nedd vo suu anner Sulln wäi Dir es Maul verbiedn." Danach führte er direkt vor dem goldenen Hochzeitspaar das Kunststück eines wasserspeienden Springbrunnen vor. Nur war es im Fall des Josef kein Wasser.

Wegen systematischer Zerstörung einer goldenen Hochzeit, Körperverletzung und Betrug wurde Josef N. zu einer Geldstrafe von 4000 Mark verurteilt. „Dou hobbi", sagte der Josef nach dem Urteil gekränkt, „widder amol meineBerln vuur die Sai gschmissn." Worauf die Anni antwortete: „Erschdns mecherdi amol dahingschdelld sei loun, wer edzer dou di Sau woor. Und zweidns woorns kanne Berln, sondern viermool gemischder Braadn."

Wühlmaus-Sulze

Bei manchen exotischen Essenswürdigkeiten aus dem fernen Asien, aus Amerika oder vom Polarkreis möchte es den herkömmlichen Menschen gelegentlich ein bißchen im Hals würgen. Hundegulasch, Frösche live, ein Schoppen Lebertran, Blindschleichenschnitzel oder mit warmen Gummiringen und gedünstetem Fensterkitt belegte Kautschukbrötchen sind nicht jedermanns Sache.

Die Krönung der Nouvelle Cuisine hat jedoch Herr Helmut S. aus der Südstadt beim Gesundheitsamt zur Sachbearbeitung eingereicht. Nämlich eine schmackhaft mit Essig und Öl zubereitete Wühlmaus-Sulze. Die Tellersulze hat außer drei geräucherten Wühlmäusen auch noch Gurkenscheibchen polnischer Art enthalten, hartgekochte Eierscheibchen und die für jegliche Sulze unverzichtbaren Petersiliensträußchen.

„Miich schiddlds edzer nu ganz, wenni droo denk, dassi a Schdiggla vo dera an Maus scho in der Goschn drinner g'habd hob", schilderte der Helmut bei dem erstaunten Gesundheitsbeamten seine Abscheu vor der Sulze. „Erschd wäi mer des Schwänzla ausn Mund rausg'hängd is", sagte er noch, „und miich mei Frau gfrouchd hodd, seid wann a Schdaddworschd-Sulzn an Schwanz hodd - dou hobbis gmergd. Und glei widder rausgschbodzd."

Eigentlich hatte Herr Helmut S. seinen Metzger wegen Maus-schlachtung und Erregung öffentlicher Abscheu anzeigen wollen. Zu seiner Verwunderung ist er jetzt aber wegen Betrug und Vortäuschung einer Straftat selber vor Gericht gestanden. Der Helmut hatte nämlich bei seinem Metzgermeister um die Ecke einen Verbindlichkeiten-Stand von 1200 Mark und war schon mehrfach gebeten worden, demnächst eine größere Packung Bargeld über den Tisch zu schieben. Andernfalls wird ein striktes Preßsack-Embargo verhängt.

„Des woor annern Freidooch", erinnerte sich der Metzger Konrad H., „dou hodder ba mir widder eikaffd wäi der Club bersönlich und hodd kann Bfenning Geld derbei g'habd. Und wäi nern iich nou seine Koddledd widder wechgnummer hob, fängd der aff aamol in mein Loodn es Ummernanderschreier oo. Daß iich a Halsabschneider bin und a asoziale Wilzau. Und dassi edzer aff seiner Rechnung ganz oomer an erschder Schdell schdäih."

Und gleich am Montag wurde der Metzgermeister Konrad gesundheitsbehördlich vernommen. Ob er der Hersteller von einer reich garnierten Wühlmaus-Sulze ist. „Däi Wühlmäis", meinte der Konrad vor Gericht, „däi hodder woorscheins in sein Garddn gfangd. Und nou hodd däi Dreegsau derfoo a Sulzn gmachd! Obber des kommer edzer nerdirli nemmer fesdschdelln. Dou hädd hald der Schdaadsanwald eine Ob-dukzion machn solln, vo däi Wühlmäis."

Aber auch ohne Obduktion der gekochten und angeräucherten Mäuse konnte der Helmut überführt werden. Der Teller der Tellersulze hatte eindeutig aus dem Sammelservice vom Hel-mut seiner Frau gestammt.

Wegen Irreführung der Behörden und versuchten Unterjubelns einer Niederwild-Sulze wurde er zu einer Geldstrafe von 4000 Mark verurteilt. „Wennsd Deine Schuldn zrigg zoohlsd", sagte der Metzgermeister Konrad H. danach noch zum Hel-mut, „konnsd am Dunnerschdooch vobbeikummer. Dou gibds a ganz frisch Windhund-Ragout mid Grambfhenner-Salood. Dou kennd mer vo Dir vielleichd aa a Schdiggla mid neidou."

192

Aus der Welt der Stille:

Ein Wintermärchen

Dadurch, daß heute abend um 18 Uhr unsere Glühweinkönigin wieder anzapft und ihren Prolog über die Nürnberger Christenheit ausschüttet, werden verschiedene Institutionen in dieser Stadt argwöhnisch darüber wachen, daß der Christkindlesmarkt berichterstattungsmäßig in einem hellen Licht erstrahlt. Wir sollen über den schönsten Markt der Welt nicht rumblödeln, Witze reißen oder höhnisch schreiben, daß die Bratwurstveranstaltung aus allen Nähten platzt.

Es wäre Gotteslästerung und dient nicht dem Ansehen und dem Umsatz des Weihnachtsgeschäftes. Krippenbeschmutzer werden mit einem Christkindlesmarkt-Besuch nicht unter drei Wochen, ersatzweise zwei Zentner Früchtebrot bestraft.

Wir sollen diesen Christkindlesmarkt vielmehr folgenderma-

193

ßen beschreiben: Wenn die Kohlendioxidwolken sich heute abend sanft über die Stadt niederlegen, das Christkindlein auf der Empore der Frauenkirche an einem Sicherheitsstrick der Feuerwehr bambelt und spricht „Ihr Herrn und Fraun, die Ihr einst Kinder wart", dann haben wir wieder Tränen in den Augen. Weil uns der Nachbar aus Versehen seine Bratwurst mit Meerrettich ins Antlitz gedrückt hat.

Schneeflöcklein rieseln vielleicht auf die Dächlein des Städtleins aus Holz und Tuch, ein Kindlein brüllt verträumt nach seinem Oheim, der auf der Museumsbrücke in ein kleines Staui-lein geraten ist. Ein vorweihnachtlicher Geisterjogger ist dort gegen den Strom gerannt, gestrauchelt und hat daraufhin einen Auflaufunfall mit einer 148köpfigen japanischen Reisegruppe verursacht. Vor seinem Abtransport in die nahe Wiederbelebungsanlage wird er noch 148 mal fotografiert, weil die Reiseleiterin ihren Gästen aus Mitsubishi erklärt hat, daß es sich um einen einheimischen Menschen auf der Flucht vor dem König Herodes handelt.

An anderen Plätzen des Marktes werden ebenfalls biblische Geschichten nachgestellt. Ein fröhlicher Budenbesitzer macht aus fast nichts hunderte von Litern Glühwein wie bei der Hochzeit von Kanaan. In der Augustinerstraße kämpfen David und Goliath um einen Parkplatz. Es gemahnt uns unweigerlich an das Hau-den-Lukas-Evangelium.

Gleich neben dem schönen Brunnen findet die Speisung der Fünfhunderttausend mit der heuer erstmals verwendeten Mehrwegbratwurst statt. Auf den Aus- und Überfallstraßen rund um die Stadt herrscht überhaupt kein Verkehr, von ein paar vereinzelten hunderttausend Autofahrern und auf der Flucht panikartig verlassenen Omnibussen abgesehen.

Wer an Schwerhörigkeit leidet, vernimmt fast keinen Laut in dieser adventlichen Stadt. Nürnberg ist wieder einmal ein Wintermärchen. Vor allem in den Stunden zwischen Mitternacht und dem ersten Schrei des Zapfhahns früh um sechs.

Das ist auch die Zeit, wo sich das Christkind Sandra Niederberger nach vielerlei Fernsehterminen rund um Bochum erschöpft, aber irgendwie glücklich, in die Krippe legt. Dr. Oscar Schneider, versonnen von einem Wahlplakat blickend, und Maria und Josef betrachten es froh.

Aus der Geschäftswelt:

Sinnvolle
Geschenke

Anscheinend fühlt die gesamte Nürnberger Bürgerschaft beim
Gehen, Stehen, Taumeln und vor allem beim Einkaufen stets
das dringende Bedürfnis in sich aufkeimen, anderen Menschen durch Geschenke eine Freude zu machen. Nur so ist es
zu erklären, daß für jeden geschlossenen Dschiens-Laden in
der Breiten Gasse und Umgebung drei hervorragend sortierte
Geschenkboutiquen eröffnen. Nichts ist notwendiger für das
Wirtschaftsgefüge des gesamten Ballungraumes wie eine Geschenkboutique. Denn die Zeiten sind längst vorbei, wo man
seinen Lieben daheim Alpenveilchen oder eine Tüte autogen
verschweißte Malzbonbon mitgebracht hat.
Nach einer groben Schätzung der örtlichen Schrott-Innung
betreut der mittelfränkische Wegwurf-Verband circa 300 000
Geschenkboutiquen. Sie bilden das Fundament des bekannten
Nürnberger Gewerbefleißes. Ohne sie würde abends das Gesicht der Enkelkinder nicht vor Freude erstrahlen, wenn sie
von ihrer Oma mit einem fluoreszierenden Kautschuknasenring
überrascht werden zu 24,95 DM, mit einem Maßkrug mit
Fahrradklingel und der Aufschrift 'Gott mit Dir Du Land der
Bayern' oder mit den betenden Füßen von Dürer aus biologi-
scher Gummibärchenmasse. In diesen auf deutsch auch Fun-
Shops genannten Läden gibt es alles, was das Gummiherz be-

gehrt. Kuckucksuhren, die Miau schreien, dokumentenechte Fieberthermometer, die man als Kugelschreiber verwenden kann, Kaffeetassen in Form eines Damenunterleibes. In den Regalen einer Geschenkboutique erfreuen uns weiterhin sprechende Wäschezwicker, Spieldosen in Nürnberger Rostbratwürste eingebaut oder als Cola-Dosen verkleidete Gurkenhobler.

Angenommen, ein verheirateter Herr verspürt wegen der letzten drei Rauhnächte, an die er sich nicht mehr genau erinnern kann, eine seelische Last in sich, dann eilt er zur Besänftigung seiner Frau Gemahlin geschwind in einen Geschenkladen. Er kauft dort vielleicht ein wetterfestes Hausschwein mit UKW-Teil und kann nach Überreichen dieses originellen Präsentes um 43,50 DM damit rechnen, daß seine Ehe vollkommen geräuschlos geschieden wird.

Um 12,80 DM kann man auch ein formloses Gebilde kaufen, das sich anfaßt wie eine etwas festere Luft, über keinerlei Farbgebung verfügt und geruchsneutral ist. Was es ist, wozu es dient, ob sich um diesen Schwabbl-Babbl irgendein physikalisches Gesetz rankt, ist nicht bekannt. Gesichert ist nur, es kostet 12,80 DM und ist zollfrei. neben einer vollkommen schwarzen Postkarte mit der Aufschrift 'Nürnberg bei Nacht' gibt es auch T-Shirts mit Vanillegeschmack, wartungsfreie Unterhosen, PVC-Karpfen mit Reißverschluß und einen Nirosta-Backsteinkäs, der beim Tiefseetauchen die Nationalhymne singt.

Der Liebhaber wertvoller Skulpturen findet in den Arsenalen der Alleshändler auch Leberkäs mit Spiegelei aus Gips, Nichtraucherzigaretten oder die beliebten Bierflaschen mit einem Knoten im Hals. Sie können Mama sagen, nässen nicht und kosten 17 Mark.

Ein Gegner von Geschenkboutiquen wird jetzt natürlich einwenden, daß man als Geschenk zur Silberhochzeit dann auch feierlich einen Sack Zement, einen Eimer Wasser, einen Koffer voll Zehennägel oder 100 Gramm Lötzinn überreichen könnte. Aber es wird den Jubilar keinesfalls so erfreuen, wie etwa das in einer Geschenkboutique erworbene aufblasbare Lebkuchenherz oder ein in original Nürnberger Fensterkitt gefaßtes Kalbsmedaillon mit Echtheitszertifikat.

Eine Fahrstunde

Ähnlich wie Sprechen, Laufen oder Biertrinken gehört auch Autofahren zu den lebenswichtigen menschlichen Fähigkeiten, die man schon im frühen Alter instinktiv lernt. Wer mit zwölf Jahren noch keinen Porsche steuern kann, tut sich später um so härter. Ein gravierendes Beispiel ist der Rentner Georg K., der im Alter von 64 Jahren beschlossen hat, seinen Führerschein auf dem zweiten Bildungsweg nachzumachen. Dieser Bildungsweg hat sich als Sackstraße erwiesen, die Bemühungen von Georg K. haben vor dem Amtsgericht geendet.
Bereits in der ersten Lehrstunde auf den gottseidank ziemlich freien Flächen vor dem Nürnberger Stadion hat sich der vollkommen entnervte Fahrlehrer Gustav S. kurz vor der Einlieferung in eine Heil- und Pflegeanstalt befunden. „Sooderla

Masder", befahl der Gustav seinem Schüler bei fünfzig Stundenkilometer, „edzer demmer amol ganz vuursichdich die Kubblung dreedn."

Bereits bei dem Wort „Kubblung" donnerte der Fahrlehrer gegen die Scheibe, weil der Georg amboßartig auf die vorzüglich wirkende Bremse gestiegen ist. „Du maansd gwiß, des is a Mähdrescher! Weecher mir maggsd an Führrerschein für Ladderwäächala, obber es Aodofoohrn lernsd Du Doldi nemmer!"

Dann befahl er dem vollkommen ruhigen Rentner, an dem kleinen Kiosk am Dutzendteich anzuhalten. „Iich hob mer", sagte er am Gericht, „a Sardinaweggla kaafn wolln und a Seidla Bier. Bleifrei nerdirli. Dassi mei Moong widder eirenkd. Und in den Momend, wou iich an den Kiosk hiigäih, fährd der Gischbl aff aamol dervoo. Riggwärdds."

Mit einer für Führrerschein-Anfänger erstaunlichen Geschwindigkeit brauste der Georg rückwärts an der großen Steintribüne vorbei immer die Norisring-Rennstrecke entlang, fädelte sich anstandlos in den Verkehr ein, kollidierte lediglich ganz leicht mit zwei anderen Autos und benützte dann den Drahtzaun eines Schrebergartens als Bremse. „Ner ja", sagte er, „nou binni aus den Audo rausgrabbld. Und in den Momend is der Omnibus nach Langwasser kummer. Dou binni nou eigschdieng und hammgfoohrn. Wenn der zu mir sachd, daß iich in mein Leem nemmer Audofoohrn lern!"

Wegen Fahrerflucht mit einem städtischen Omnibus, unbefugter Benutzung des Rückwärtsgangs und Fahren ohne Fahrlehrer wurde Georg S. zu einer Strafe von 400 Mark verurteilt.

„Siggsders", sagte der Georg zu seinem Fahrlehrer, „hobbi scho widder wos glernd - wäi mer Bußgeld zoohld. Und in der nexdn Schdund zeigsd mer nou es Vuurwärdsfoohrn."

Trunkenheit am Tropfer

Angeblich werden Krankenhäuser von den Krankenhaus-Architekten menschengerecht geplant. Die menschengerechte Ausführung läßt dann aber doch manchmal etwas zu wünschen übrig. So können Kliniken - selbst wenn sie im Inneren mit Efeu, Yucca-Palmen und Springbrünnlein ausgestattet sind - zum Beispiel die heimelige Atmosphäre eines Wirtshauses nur in den seltensten Fällen ersetzen.

Der selbständige Hunderzüchter Rüdiger N. ist ein Beispiel für die Gefährlichkeit der Innenarchitektur von Krankenhäusern. Er ist nach einer Gallenoperation von einem schweren Heimwehanfall derartig überwältigt worden, daß ihn nicht einmal vier Polizisten von der Schönheit und Erhabenheit eines Vierbett-Zimmers in der Klinik überzeugen haben können. Rüdiger N. hat zwei von ihnen während einer kleinen Diskussion in die Hand gebissen. Jetzt ist er wegen Bettenflucht, Widerstand gegen die Staatsgewalt und Mißbrauch eines Tropfers vor Gericht gestanden.

Dieser Rüdiger hat in der Nacht nach seiner Gallenoperation ein quälendes Vakuum in der Gurgel verspürt. „Wall immer um däi Zeid", erläuterte er dem Richter, „hogg iich in mein Werzhaus und hob mindesdens scho siem, achd Halbe. Und edzer bin iich dou annern Drobfer g'hängd. An Drobfer geechern Dorschd, Herr Richder! Dou konni an Schobbn Wüsdnsand aa saufn. Dou häddi wenigsdns nu die Chance, daß a glanne Oase derbei is."

Laut der Aussage der Krankenschwester soll der Rüdiger dauernd mit mit seinem fahrbaren Tropfer am Gang hin und her geschlichen sein und gebrüllt haben: „Den Doggder wenni derwisch! Mineralschdoffe drebflasweis ausern Blasdiggschlaichla! Der hodd doch an Badscher! Des konner mid sein Wellnsiddich derhamm machn. Woorscheins mousi mein Schweinebroodn in Zukumbfd midder Binzeddn in die Noosn neischäim!"

Nach einer halben Stunde war in der Klinik plötzlich eine verdächtige Ruhe eingekehrt, die Beschimpfungen wie „Dableddn-Doldi, bläide!" oder „Indrafenöse Rimbfiecher!" waren verebbt. Dafür tauchte einige Stunden später ein Herr im weißen Nachthemd, langen weißen Strümpfen und mit einem fahrbaren Tropfer als Anhänger an einem Taxistand auf und lallte den erstaunten Chauffeur dort an: „Schau nedd suu bläid, sunsd wersd an den Drobfer oogschlossn. Ins Kranknhaus! Obber aweng schneller wäi sunsd! Inner halm Schdund is Fisidde!"

Auf Initiative des Taxifahrers fand dann aber zunächst eine Visite des Polizeipräsidiums statt. „Nedd oolanger!", schrie der Rüdiger die Polizisten an, „iich bin frisch obberierd." Zwei Polizeigriffe wehrte er mit einem Biß in die Hand ab, einem dritten Beamten drohte er, daß er ihn mit dem Inhalt des Tropfers vergiftet. „iich bin hald", sagte der Rüdiger am Amtsssssgericht, „in mein Werzhaus gween. Obber iich schwörs Ihner, Herr Richder, iich hob dord nichd rumsumbfn wolln. Nerblouß mid mein Drobfer gschwind an Ölwechsl machn." Anscheinend hatte er die Mineralstoffe im Tropfer gegen Zwetschgenschnaps austauschen wollen.

Wegen versuchten Hinunterwürgens von zwei Polizeibeamten, dummer Bemerkungen und Trunkenheit am Tropfer wurde er zu einer Geldstrafe von 1500 Mark verurteilt. „Normool", sagte der Rüdiger nach dem Urteil, „leffd mer ba suu an Gschmarri vonnern Richder die Galln iiber. Obber däi homs mer ja godzeidank raus obberierd."

Mundexplosionen

Das Immerwiederkäuen von Kaugummi ist in Nürnberg erstmals im Jahr 1945 urkundlich erwähnt. In den sechziger Jahren ist dann der Riesenblasen erzeugende Dubble Bubble für das regelmäßige Goschn-Jogging aufgetaucht, der auch heute noch in aller Munde ist. Der Frührentner Eugen F., ein Gegner des seiner Meinung nach nicht zweckdienlichen Öffnens und Schließens desMundes, ist jetzt wegen mutwilliger Zerstörung einer ansehnlichen Kaugummiblase vor dem Amtsgericht gestanden.
Der Eugen ist in der Linie 4 der Kaugummikauerin Gertrud A. gegenübergesessen und hat der jungen Dame sehr interessiert bei der angestrengten Tätigkeit ihrer Kiefer zugeschaut. Eine

Beschäftigung, die unter Literaturkritikern auch „Dem Volk aufs Maul schauen" genannt wird. Nach Beendigung der Besichtigung des gegenüberliegenden Volksmundes hat der Eugen zur Gertrud gesagt: „Simmer gwiss aweng a Kouh, hä?" Die Gertrud hat sich beim Kauen aber nicht beirren lassen. Wie der Dubble Bubble in ihrem Mund die für das Herstellen von Blasen vorschriftsmäßige Geschmeidigkeit besessen hat, hat sie den Eugen zurückgefragt: „Äih Gaaferer, solli der vielleichd amol an bloosn?" Sekunden später peitschte durch den Triebwagen ein Schuß, daß der durch die möglicherweise sehr anzügliche Frage der Gertrud ziemlich aufgerührte Eugen sich am Rand eines Nervenzusammenbruchs befand. Die von der Gertrud blitzschnell und gekonnt hergestellte Kaugummiblase war geplatzt.

Kurz danach knallte es erneut. „Edzer is ja", sagte der Eugen vor Gericht, „des Kaugummizulln scho a Sauerei, Herr Richder. Obber ba dera hosd ja gmaand, däi hodd schdadds an Kaugummi Gnallerbsn gfressn!"

Nach mehreren, kurz hintereinander ausgelösten Kaugummi-Detonationen trat ein zweiminütiger Waffelstillstand ein. „Und aff aamol", entrüstete sich der Eugen, „bläsd däi einen Drimmer Ballong diregd vuur mir aaf, des doud an Schlooch - und nou is mer dera ihr ganzer Kaugummi im Gsichd bibbd." Wie sich der Eugen die Kaugummireste angewidert aus dem Antlitz zupfte, gab ihm die Gertrud den Ratschlag: „Dou mousd aweng middi Finger wuuzln, nou gäids besser wech." Und schon hatte sie trompetenartig zu einer neuen Blasennummer angesetzt. Da schlug der Eugen mit dem Handrücken zu. „Nerblouß ganz leichd", verteidigte er sich, „hobbi an den Ballong hiiglangd. Dasser nedd widder middn in mein Gsichd exblodierd." Durch die ganz leichte Berührung der Kaugummiblase stellten sich wie durch ein Wunder bei der Gertrud ein Nasenbeinbruch und eine schwere Jochbeinprellung ein.

Weil der Eugen schon mehrfach Mitmenschen ganz leicht berührt hatte, wurde er wegen Streichelns einer Kaugummiblase zu sechs Monaten auf Bewährung und einer Geldbuße von 2400 Mark verurteilt. „Und Du", schrie der Angeklagte nach der Verhandlung der Dubble-Bubble-Virtuosin nach, „Du sollersd mid Dein Bloosnleidn amol zon Urologn gäih."

202

Greuther Teeladen

Martin Bauer

Etwas anderes als Qualität kommt bei uns nicht in die Tüte .....

Das gilt selbstverständlich für jeden einzelnen Artikel, der fabrikfrisch verpackt im „Greuther Teeladen" zu haben ist. Und weil sich über Geschmack bekanntlich nicht streiten läßt, ist bei uns auch die Auswahl so groß, daß garantiert jeder das für ihn richtige finden wird:

* Kräuter-, Früchte- und Gesundheitstees
* Schwarztees der verschiedensten Anbaugebiete
* Gewürze * Naturprodukte * Tonika
* Spezialitäten für Ihre Gesundheit

Insgesamt mehr als 1000 Artikel zu besonders günstigen Fabrikpreisen!

... denn wir wollen, daß Sie immer wieder kommen!

Greuther Teeladen GmbH & Co. KG
Dutendorfer Straße 5-7
8531 Vestenbergsgreuth

Öffnungszeiten:
Mo. bis Fr. durchgehend von 8.00 bis 18.00 Uhr
Sa. von 9.00 Uhr bis 13.00 Uhr

Extra – Versand – Service

Im „Greuther Teeladen" können Sie ganz bequem von zu Hause aus einkaufen.
Fordern Sie jetzt unsere Bestell-Liste an!
Telefon: 09163/88555   Fax: 09163/88312

Auf dem Küchenbüffet durch die Stadt

Wegen der Kostenexplosion im Speditionswesen werden Wohnungsumzüge immer häufiger auf eigene Faust durchgeführt. Der bisher am Westtorgraben lebende Erwin S. hat wegen der Kürze der Entfernung in seine neue Wohnung am Plärrer sogar auf die Beschaffung eines Miet-Kleinlasters verzichtet. „Des bissla Gschlamb, wos iich hob", hat er seinem Umzugshelfer Wilhelm K. erklärt, „des kemmer am Blärrer vuurdroong."

Jetzt sind Erwin und Wilhelm wegen Trunkenheit am Küchenbüffet und einer Verkehrsstörung vor Gericht gestanden.

An einem Freitagvormittag haben die zwei bei einem Weizenbier-Frühstück erst einmal den Umzugsplan erörtert.

Um die Mittagszeit hat man dann sehen können, wie der Erwin

einen kleinen Leiterwagen hoch beladen vom Westtorgraben in Richtung Plärrer gezogen hat. Der Wilhelm ist mit einem vollen Aquarium hinterhergewankt. „Iich hobs kummer seeng, daß wos bassierd, Herr Richder", schilderte der Wilhelm am Amtsgericht, „wall mir is ja scho ba den erschdn Dransbord glei am Hallerdoor des Agwarium auskummer. Und nou hodd der Erwin middern Audofoohrer an falschn Schdreid oogfangd, wall der ausverseeng iiber sein Goldfiisch driibergfoohrn is."

Wie die zwei den inzwischen flunderähnlichen Goldfisch im Blumenbeet beim Beethoven-Denkmal bestattet haben, sind dem Wilhelm dunkle Vorahnungen gekommen. „Wenn scho der glanne Fiisch den Dransbord nedd aushäld", sagte er zum Erwin, „wäi soll nern nou des erschd mid den Drimmer Kichnbiffee wern?" „Ibberhabbs ka Broblem", antwortete der Erwin, „dou kummer Räädla hii."

Der Erwin legte zwei Rollen unter den riesigen Küchenschrank und schrie dem Wilhelm am anderen Ende zu: „Edzer in Berch mousdi aweng hiihänger, nedd daß uns des Biffee abhaud!" Die ersten zehn Meter rollte das Büffet wie vorgesehen. Dann rutschte der Erwin vorn aus und das Küchenbüffet gewann an Fahrt. „Eimwambfrei!", schrie der Wilhelm hinten begeistert, „mid dera Gschwinichkeid simmer in Nullkommanix am Blärrer. Iich hogg mi aweng draff."

Ganz ohne Bremser wurde das Küchenbüffet noch schneller und kollidierte mit einem neuen Mercedes Coupé. „Es langd ja scho", sagte der Mercedesfahrer vor Gericht, daß an a Kichnbiffee vull in die Seidn neifäährd! Obber des woor ja nunni alles. Wall wäi iich völlich verschdörd ausn Audo rausgrabbld bin, douds numol an Schlooch, und des ganze Kichngschirr is aff mich draffgfluung." Und der schwer betrunkene Erwin brüllte den unter Schock stehenden Autofahrer auch noch an: „Doldi. konnsd nedd aweng aafbassn! Mei Biffee is vo rechds kummer!"

Nach einer längeren Belehrung über den ordnungsgemäßen Transport von Kücheneinrichtungen wurden Erwin und Wilhelm zu einer Geldstrafe von je zweitausend Mark verurteilt. „Es kummd nimmer vuur, Herr Richder", sagte der Erwin, „wall edzer kaafi mer a neis Kichnbiffee, mid ABS-Bremssysdem."

206

Aus der Welt des Saufens:

Der Mißbrauch
von Glühwein

Es ist ein beliebter Brauch geworden, daß sich Nürnberger Bürger am Heligen Vormittag in der Nähe des Schönen Brunnens treffen und mit Freunden in aller Ruhe ein Schlückchen Glühwein zu sich nehmen. Manchmal nehmen diese Herren auch zwei oder gar drei Schlückchen Glühwein zu sich, so daß sie die Orientierung verlieren und sich statt daheim bei der Bescherung nachts in der Naßzelle des Polizeipräsidiums befinden.

Der „Verein zur geordneten Durchführung eines Heiligen Abends im Schoß der Familie e.V." weist aber durch einige abschreckende Beispiele noch einmal darauf hin, daß ein Glühwein-Preller für ein besinnliches, familiäres Beisammensein nicht sachdienlich ist. Folgende Vorkommnisse sollten uns kurz vor dem Fest noch einmal zum Nachdenken über den Mißbrauch von Glühwein veranlassen.

Der Vertreter Gerhard W. hat an einem Heiligen Vormittag den Christkindlesmarkt betreten. Seinen guten Vorsatz, daß er noch Weihnachtsgeschenke einkauft, sich um die Kinder kümmert und den Christbaum mit Lametta behängt, haben sich einige Becher Glühwein entgegengestellt. Er hat seine unter Schwüren auf die Heilige Schrift abgegebenen Versprechungen ausnahmsweise nicht einhalten können.

Nach dem elften oder zwölften Glühwein ist ihm entfallen, daß er Kinder hat. Sie haben sich bereits in der Obhut der Bahnhofsmission befunden. Herr W. ist auf die Bühne vor der Frauenkirche getaumelt und hat dort vor Hunderten von begeisterten Zuschauern erst einen Posaunenchor imitiert und anschließend mit den Worten „Nach Johannis - sunsd gnallds!" die U-

Bahnlinie 1 in die Nordstadt entführen wollen. Der Zweipfünder
Früchtebrot, von dem er während der ersten versuchten U-
Bahnentführung in der Geschichte der Stadt Nürnberg behaup-
tet hat, daß er eine Tretmine ist, hat von der Staatsanwaltschaft
sichergestellt werden können. Am zweiten Feiertag ist Herr
W. in der „Wacht am Rhein" mit dem Kopf in einer Terrine
Gulaschsuppe gerade noch vor dem Ertrinken gerettet wor-
den, er hat sich an nichts mehr erinnern können.

Im Fall des Moraltheoretikers Walter K. hat der Heilige Abend
mit einer Anklage wegen Tierquälerei geendet. Er soll 15
Glühwein getrunken und sie jeweils mit einem dreifachen
Rum aufgebessert haben. Er hatte einen Zierhasen als Weihnachtsgeschenk für die Familie dabei, der in der Manteltasche
des Angeklagten in Panik geriet. Walter K. hat seinen Zierhasen mit vier Glühwein und 12 Rum besänftigt, so daß dieses,
mit den Trinkgewohnheiten seines neuen Herrn noch nicht
ganz vertraute Tier, aggressiv wurde. Nach den Feiertagen las
man in der Zeitung: „Kampfhase zerfleischt Nürnberger Rost-
bratwurst."

Weiters wissen wir von einem Antialkoholiker Reinhard K.,
der am Glühweinstand bis in die späten Nachtstunden seinen
Zuhörern im Liegen erläuterte, daß er nichts trinkt. Er wurde
am ersten Feiertag in der Krippe am Hauptmarkt angetroffen,
wie er gerade den aus Holz geschnitzten drei Weisen aus dem
Morgenland händeringend erklärte: „Algerhol is Gifd, meine
Herrn."

Der technische Zeichner Günter R., der sehr wenig verträgt, ist
nach acht Glühwein nachts von einer Polizeistreife aufgegrif-
fen worden. Er ist im Inneren des Schönen Brunnen am
schmiedeeisernen Gitter entlang immer im Kreis rum gewankt
und hat geschrien, daß er sich völlig unschuldig in U-Haft
befindet.

Das traditionelle Glühweintrinken am Christkindlesmarkt erzeugt, wie der „Verein zur geordneten Durchführung eines
Heiligen Abends im Schoß der Familie e.V." betont, Verderben, Übelkeit, Unwohlsein, Kopfweh und zerrüttete Familien-
verhältnisse. Wir treffen uns also am Montag um 11 Uhr beim
Glühweinstand, wenn man von der Burg kommt, die erste
Gasse links.

Der Mückenschützer

Gemäß der überkonfessionellen Gleichstellungskommission in Brüssel, sollen Tiere aller Art zumindest menschenähnlich behandelt werden. Manche Tierfreunde übertreffen diese Forderungen der Gleichstellungskommission sogar noch und lassen ihrem Schoßhamster, Zierhäschen oder Streifenhörnchen täglich Köstlichkeiten zukommen, von denen viele Menschen nur träumen können. Strittig ist häufig nur, von welcher Größe an man ein Tier als gleichwertigen Menschen anerkennt.

Der Schnelldrucker Helmut W. etwa hält sich durchaus für einen innigen Tierliebhaber, ist aber ein erbitterter Feind von Mücken, die im Gasthaus Bierkrüge, Rouladen mit Kloß oder gemischte Salate umkreisen und wahrscheinlich mit ihren mikroskopisch winzigen Exkrementen verunreinigen. Helmut W. hat sich durch seine Abneigung Insekten gegenüber zu einem der geschicktesten Mückenjäger der Nordstadt entwickelt. Eine seiner legendären Treibjagden hat jetzt ein gerichtliches Nachspiel gehabt.

Angeklagt war der Tierfreund Peter G., der Tiere in jeder Größe über alles liebt. Die beiden unterschiedlichen Tierfreunde sind in einem ländlichen Wirtshaus gesessen. Das ländliche Ambiente hat sich in der Anwesenheit von zahlreichen Mücken, Spinnen, Schmeißfliegen, kleinen Käfern und emsig durch den Helmut seinen Kartoffelsalat marschierenden Ameisen ausgedrückt. „Iich hob", sagte der Helmut, „däi Omassn erschd middn Subbnlöffl derschloong und nocherdla hobbis undern Kadofflsalood erschdiggd."

Worauf der Peter mit allem Nachdruck protestierte und auf das Washingtoner Artenschutzgesetz verwies. „Wassd wos?", antwortete der Helmut, „Du leggsd miich aweng am Oorsch mid Dein Waschingdon. Omassn hom in mein Kadofflsalood jeednfalls nix verluurn." Gleichzeitig patschte es im Kartoffelsalat - wieder sind drei bis vier Ameisen durch die verheerende Wirkung des Todeslöffels über den Jordan gegangen. Im übrigen, merkte der Helmut noch an, seien Ameisen so klein, da käme es auf zehn mehr oder weniger nicht an. „Auch Migroobn und Bazilln", sagte der Peter belehrend, „sin Geschöbfe Goddes."

Nach dieser, höchst philosophische Problematiken anschneidenden Bemerkung, widmete sich der Helmut der Mückenjagd. „Dou moußd frondal vo vorna oogreifn", erklärte er seinem Nachbar, „und nou blidzschnell draffhauer. Scho sins im Muggnhimml." Wenige Minuten später war der Tisch von Leichen übersät. Die Argumente über die Sinnlosigkeit von Mücken-Morden und den niedrigen Beweggründen, die wahrscheinlich dahinterstecken, verhallten wirkungslos.

Plötzlich aber patschte es mitten im Gesicht vom Helmut, und der Peter schrie dabei: „Dou moußd frondal vo vorna oogreifn und nou blidzschnell draffhauer." Fünf bis sechsmal griff der Tierschützer Peter G. wie rasend frontal von vorne an und haute jeweils blitzschnell drauf. „Sin lauder Muggn aff Dein Gsichd g'hoggd", schrie der Peter dem in eine leichte Ohnmacht abgleitenden Helmut noch nach, „Bumm! Bädsch! Dou woor nu anne."

Das hohe Gericht war der Meinung, daß man Mücken nicht mit vorschlaghammerartigen Schlägen vertreiben muß, schon gleich gar nicht imaginäre Mücken, und verurteilte den Rächer aller Mikroben, Käfer, Ameisen und Stubenfliegen zu einer Geldstrafe von 3000 Mark. „Zahlbar", rief ihm der Helmut zum Abschied noch nach, „bam Müggngenesungswerk, gell!"

210

Freiheit für Franken

Überall sehen wir an Hauswänden die Forderungen geheimnisvoller Spraydosen-Schreiber: "Freie Republik Gebersdorf!", „Elfriede, komm doch zurück!" und „Nachts ist es kälter als draußen". Die meisten Spraysteller entkommen unerkannt im Dunkel der Nacht. Der Fliesenleger Dietmar S. und der Gewohnheitstrinker Sigi A. haben sich nach einer durchsprühten Nacht der Strafverfolgungsbehörde selber ans Messer geliefert. Sie sind wegen Verunglimpfung einer Hauswand vor Gericht gestanden.

Beide sind in der Tatnacht mit einem Plastikbeutel voll Spraydosen, einem Einkausfswagen vom Supermarkt und zwei Kä-

sten Edelweizen durch die nördliche Nürnberger Vorstadt gefahren. Sie hätten auch einen Duden mitnehmen sollen.
Der Dietmar hat die zwei Bierkästen aufeinander gestellt, ist unter großen Anstrengungen hinaufgeklettert und hat an die Wand mit roter Leuchtfarbe gesprüht: „Freiheid für Franken". Wie sein Werk vollendet war, hat der Sigi zu ihm gesagt: „Konnsd löschn, Depp. Freiheid werd mid harddn D gschriem." Daraufhin haben die zwei Freiheidskämbfer erbittert über weiche und harte D gestritten. „Hardde D", schrie der Dietmar, „gibds im Fränkischn ibberhabbs kanne. Des werd alles weich gschriem!" Der Sigi brüllte zurück: „Wennsd des Freiheid mid weichn D an dera Wänd schdäihlässd, nou mousd obber aa Franken mid weichn K schreim, Rimbfiech!" Es wurde dann noch über das weiche F in Franken diskutiert und das scharfe A. „Ganz genau wassis nemmer", versuchte sich der Sigi vor Gericht zurückzuerinnern, „iiber wos daß mer alles gschdriidn hom. Obber des wassi nu - wäi der aff aamol mid dera Schbräidoosn aff miich lousganger is." Der Sigi fiel über die Bierkästen, verstauchte sich den Knöchel und wurde wegen seiner momentanen Bewegungsunfähigkeit vom Dietmar vollständig in roter Leuchtfarbe eingesprayt. Auch der Kopf vom Sigi ähnelte farblich der hinter der Frauenkirche aufgehenden glutroten Morgensonne.
Wie die Geschäfte aufmachten, humpelte das frischlackierte Gesamtkunstwerk in eine Reinigung in der Pirckheimer Straße und lallte: „Aamol Vollreinichung mid Derbendin! In welche Dromml konnin neigrabbln?" Dann kam schon die Polizei und wollte den roten Sigi mitnehmen. „Des gäid nedd", sagte er, „dou mäißder scho warddn, bis die Farb druggn is." Dann zog er sich nackt aus, übergab seine roten Kleider dem Fräulein hinter der Theke und fragte einen Polizisten: „Äih, du mid deine zwaa Schdernla, du konnsd doch schreim, odder? Werd Freiheid mid harddn odder mid weichn D gschriem?" Der Dietmar wurde wegen unbefugten Tünchens einer Hauswand und eines Menschen zu 1600 Mark Geldstrafe verurteilt, beim Sigi kam das schwache Anreden der Staatsgewalt noch mit einem Zuschlag von 400 Mark hinzu. „Doldi", sagte der Sigi im Hinausgehen mit dem Blick zum Richter, „Doldi werd obber hunderdbrozendich mid zwaa weiche D gschriem."

Disko auf Rädern

Immer noch gibt es einige Menschen, die daheim keine Quadrophonie haben, keinerlei Dolby-Sound, keinen 2000-Watt-Verstärker, geschweige denn eine Hochdruck-Überschallanlage, mit deren Hilfe das Säuseln von Mick Jaggers Gitarre in ein Mittelstreckenraketen-Konzert auf dem Truppenübungsplatz Grafenwöhr transformiert werden kann. Zu diesen rückständigen Ohrenschützern gehört Herr Franz E., dem das auf elektronische Full-Power umgerüstete VW-Kabrio seines Nachbarn Manfred R. schon seit langem ein Dorn im Trommelfell ist.

Mit Vorliebe pflegt dieser Manfred R. seine fahrbare Diskothek unten auf der Straße in Gebersdorf zu polieren und dabei die Stereoanlage aufzudrehen, daß man es auch im nahen Fürth, in Oberasbach oder Zirndorf noch gut hören kann. Während die Nachbarn oben in den Wohnungen die schalldichten Fenster schließen, sich Gummipfropfen ins Ohr stecken oder Beruhigungstabletten einnehmen. Manchmal fährt

213

Manfred R. auch ein paar Runden um den Stock, daß man meinen möchte, der Bundesminister für Verteidigung macht mit seinen Tiefffliegern Wandertag in Gebersdorf.

Jetzt ist der anscheinend vollkommen unmusikalische Geräuschgegner Franz E. wegen vorsätzlicher Full-Power-Zersetzung vor Gericht gestanden. Nach einem Samstag-Nachmittag-Konzert aus dem Gebersdorfer Kabrio mit verschiedenen Altmetall-Gruppen hat der Franz nämlich Rache geschworen. Abends ist eine unnatürliche Stille über der Vorstadt gelegen, nachts hat man ein geheimnisvolles Rauschen gehört. Früh ist der Kabrio-Besitzer Manfred beschwingt mit einem Walk-Man im Ohr an sein Auto geeilt. „Wäi iich vo mein Audo die Diir aafmach", sagte er vor Gericht, „dou hädd mi ball der Schlooch droffn. Iich hob gmaand, die Rednitz homs umgleid, direggd durch mei Kabrio durch! Dou is der ein Wasserfall rauskummer, dassi ummer Hoor fordgschwemmd worn wär!"

Bei den Nachforschungen stellte sich heraus, daß jemand nachts den Gartenschlauch in den VW gesteckt und das Wasser laufen lassen hatte. Bei Sonnenaufgang war das Kabrio schon in ein Aquarium verwandelt. Verantwortlich für die Bewässerung eines Volkswagens war der Franz. „Wäi des bassiern hodd kenner", sagte der, „wass iich aa nedd, Herr Richder. Iich hob mein Schlauch am Garddnzaun hii g'hängd, walls in den Eggla dorddn immer suu druggn is. Obber iich hob doch den sei Audo nedd eiweing wolln! Kennd hexdns sei, daß der sein Kabrio selber undern Garddnschlauch ausverseeng drundergfoohrn hodd. Und weecher seiner Schdereoanlooch hodder des Rauschn vom Wasser hald nedd gscheid g'heerd."

Dieser Version schenkte der Amtsgerichtsrat keinen Glauben und verurteilte den Franz wegen unbefugten Flutens eines VW-Kabrios zu einer Geldstrafe von 2000 Mark. Immerhin hört man aber seit dem Wassereinbruch die Heavy-Metal-Konzerte aus den Lautsprechern nicht mehr. Wenigstens vorläufig nicht.

„Obber wäi iich den Grawall-Gischbl kenn", sagte der Franz nach der Verhandlung, „kaffder si edzer eine Underwasser-Schdereoanlooch. Dou konner nou in der Fräih immer glei die Wasserschdandsmeldungen fiir Kabrio horng."

So flog der Xaver
in die Freiheit

Der Wunsch nach einer sinnvoll genutzten Freizeit treibt inzwischen auch den mittelfränkischen Menschen dazu, am Wochenende barfuß den Nordpol zu überqueren, als Einhandmotorradfahrer nach Stambul und zurück zu brettern, oder es veranlaßt ihn zu zwei Wochen Kopfstand auf dem Sinwellturm. Der mehrfache Jo-Jo-Meister und Einrad-Virtuose Xaver G. aus dem Nürnberger Land hat ebenfalls seinen freizeitmäßigen Horizont erweitern wollen. In seiner Eigenschaft als erster fränkischer Auto-Paraglider. Er ist jetzt mit einer Anklage wegen Verkehrgefährdung und mit einigen Hautabschürfungen vor Gericht gestanden.

Ein Paraglider ist bekanntlich eine Art Fallschirm, mit dem man vom Berg ins Tal schweben kann. Auch hinter einem Motorboot kann man mit Wasserski an den Füßen auf Grund der Schwebekraft eines Paragliding-Schirms herfliegen. Zum Equipment des Xaver haben neben dem Flugschirm noch Rollschuhe gehört, ein schwerer BMW und Herr Rudolf P. als Chauffeur des Abschleppwagens. Nicht zu vergessen eineinhalb Flaschen schottischer Hochland-Whisky und etwa acht Pils pro Teilnehmer. „Wemmer nedd suu bsuffn gween wärn", sagte der Xaver vor Gericht, „nou häddi mi woohrscheins goornedd fläing drauer."

Aber auch mit dem vor allem inneren Schwebezustand ist der Xaver nicht besonders weit geflogen. Mit einem langen Seil war er mit der Abschlepp-Öse des BMW verbunden, am Rükken hatte er den Schirm, an den Füßen die Rollschuhe. Auf den verzweifelten Ruf „Hobb Rudi, edzer baggmers! Zäich oo!" startete der Rudolf im Auto den Flug ins Ungewisse. „No ja", sagte Rudolf P. vor Gericht, „nach zwanzg Meeder suwos isser middi Rollschouh in des Bächla neeber der Schdrass neibredschd. Und mir hom numol vo vorna oofanger mäin."

Der zweite Versuch gelang. Der Xaver schwebte nach einer rasanten Schleppfahrt schon einige Zentimeter über der Erde, jubelte nach vorne „Rudi iich fläich, iich fläich! Gib Gas!", übersah während des Jubelns eine scharfe Rechtskurve und stolperte voll über die dort befindliche Leitplanke.

Ein entgegenkommender Autofahrer, der nicht mehr genau wußte, ob er auf der Straße oder auf der Landebahn des Nürnberger Airports fährt, hatte anscheinend die Polizei alarmiert. In der Zwischenzeit hatte der Rudi im Abschleppwagen wieder einen schnellen Anlauf genommen und der Straßen-Paraglider Xaver flog tatsächlich einige Meter hoch und wiederum vor Freude jauchzend hinterher.

Direkt unter ihm fuhr die Polizeistreife und schrie zum Himmel hinauf, daß der Xaver sofort runterkommen soll. „Schdelln'S Ihner vuur", sagte er jetzt zum Richter, „däi hom nou mein Freind vorna in sein BMW oog'haldn, der Doldi haud serfordd die Brems nei, und nou hodds der miich aff die Schdrass hiibrelld, daß alles zerschbeed woor."

Wegen Trunkenheit und Abschleppen eines Flugmenschen wurde der Rudolf zu 2500 Mark Geldstrafe und neun Monaten Führerscheinentzug verurteilt. Der Landstraßengleiter Xaver erhielt wegen unerlaubtem Tiefflug und einiger anderer Delikte eine Geldstrafe von 1400 Mark. „Es nexd mool", riet einer der Polizisten nach der Verhandlung dem Rudolf, „wennsd widder dein Drachn schdeing lässd, nou mousd nern an gscheidn Schwanz hiimachn. Sunsd schderzder unweigerlich ab."

Ein Blick
in die Zukunft

Der Frührentner Karl F. ist ein entschiedener Anhänger der kosmischen These, daß im Universum ein reger Berufsverkehr herrscht, daß unerklärliche Phänomene wie ein Vollrausch oder ein besetzter Parkplatz von der Vorhersehung geleitet werden und daß man sich den Vorbestimmungen fügen muß.

Infolge überirdischer Befehle hat Karl F. bereits mehrere Reinkarnationen hinter sich. Er war schon als Junikäfer auf der Welt, als Flachlandtapir und als sibirischer Wandertiger. Er befindet sich momentan in seinem dreizehnten Leben, das er als eines seiner schönsten bezeichnet. Jetzt ist Karl F. wegen Betrug vor Gericht gestanden.

Er hat dem Imbißbuden-Pächter Edmund S. während einer durch mehrere Magenbitter vorbestimmten Unterhaltung mitgeteilt, daß Ende Juli die Welt untergeht. „Der Moo", sagte der Zeuge Edmund S. vor Gericht, „hodd gsachd, dasser fiir zwaa Bier in die Zukumbfd schauer konn. Obber nu besser wäärn drei Bier und an Schlugg Moongbidder derzou." „Ja Godd", bemerkte dazu der Angeklagte, „die ann schauer inner Grisdallkuugl nei und iich hald läiber inner Grisdallweizn." Nach dem tiefen Blick in verschiedene Flaschen sah der Karl ganz unten am Boden erstens vollkommen richtig, daß das Bier gar war, und zweitens, daß das jüngste Gericht naht. Zur Sicherheit nahm er noch ein Stück Schnur aus der Hosentasche, befestigte dran ein leeres Schnapsfläschchen und begann die Zukunft der Menschheit auf der Theke der Imbißstube durch Pendeln zu erforschen. Dadurch wurde seine These vom nahenden Ende der Menschheit erhärtet. „In vier Wochn", setzte er fest, „gäid die Weld under. Kannsd mer fuchzahunderd Marg leiher?"

Angeblich glaubte der Edmund dem Hell- und Schwarzseher kein einziges Wort, aber er lieh ihm die 1500 Mark. Nur im Spaß soll er gesagt haben, daß er sie aber noch vor dem Weltuntergang zurückhaben will. Weil man dann im Himmel wahrscheinlich mit Ecu oder Ambrosia-Dollar zahlt, und D-Mark ungültig werden. „Und edzer hobbi mein Dreeg", sagte der Edmund, „die Weld is immer nu dou, obber mei Geld is fordd. Woohrscheins hodd der dou wos verwechsld, Herr Richder."

Am vereinbarten Rückzahltag mußte sich der Karl über eine Forderung von 1500 Mark jedenfalls sehr wundern. In einem fast reinen Hochdeutsch antwortete er seinem Gläubiger an der Imbißstube: „Mein Herr, ich klaupe, Sie hapen einen Badscher. Odder Sie dennen mich mid wem verwechseln. Mein Name is Doggder Däniken. Ich hape keine Schulten nichd."

Jetzt vor Gericht machte er geltend, daß die 1500 Mark das Honorar für verschiedene Vorhersagen von größter Bedeutung waren. Außerdem hätte er durch seine überirdischen Kräfte den Imbißbuden-Pächter vom Alkoholismus und einem Magengeschwür befreit. Das Gericht schenkte den interessanten Ausführungen des Geistheilers keinen Glauben und verurteilte Karl F. wegen versuchten Weltuntergang in Tateinheit mit dem magischen Verschwinden von 1500 Mark zu drei Monaten ohne Bewährung. „In Ihren nächsten Lepen", drohte der Angeklagte dem Imbißbuden-Pächter in wissenschaftlichem Ton, „kommen Sie als Rekenwurm auf die Welt. Und nou schdeichi aff dich draff, daß der die Aung rausdriggd!"

„A Rekenwurm hodd kanne Aung", antwortete der Edmund, „des mäißerd mer als Hellseher eingli wissn."

Aus der Welt der Politik:

Neujahrsempfängnis

In Bonn, Berlin, Fürth, Washington und auch in Nürnberg haben politische Würdenträger in diesen Wochen keinerlei Zeit für Nebenbeschäftigungen. Sie hasten unermüdlich und im Auftrag des Volkes von einem Neujahrsempfang zum anderen.

Bis weit in den April hinein finden diese rauschenden Nachmittage für Grüßgtt-Kaschber und städtische geprüfte Handshaker statt, wo Laugenbrezen und 0,2-Reagenzgläschen Frankenwein verabreicht werden. Wo weiterhin zahlreiche Politiker drei bis vier Stunden lang erzählen, was wir schon immer einmal nicht wissen wollten, und sich vor dem Oberbürgermeister eine kleine Schlange von 1500 Menschen bildet, die ihm einmal im Jahr schwere Handquetschungen und Prellungen zufügen dürfen.

Bei diesem feierlichen Empfang im altehrwürdigen Wartesaal der Meistersingerhalle ist der Oberbürgermeister aber auch anderweitig immer schwer gefordert, denn er muß während des Zertrümmerns von granitartigen Laugenbrezen mehrere Stunden lächeln, den sogenannten Small Talk (fränkisch: Gwaaf) beherrschen und 1500 Patriziernamen wie Müller, Meier, Hinz, Kunz oder Kipfer auswendig wissen.

Laut Protokoll dient der Neujahrsempfang dem Austausch von Zärtlichkeiten, dem Brezenweitwurf, der allgemeinen Schulung des Stehvermögens, und daß sich die Tausende von

Chauffeuren draußen am Parkplatz wieder einmal gemeinsam drüber unterhalten können, was ihre Herrschaften für Hirnheiner sind. Auch die Worte „Mei Scheff hodder vielleichd einen Badscher!" oder „Edzer werd Meiner nou widder gscheid bsuffn sei und im Kofferraum ummernanderblääkn, worums im Audo suu finsder is" sind während dieser Chauffeur-Tagungen schon vernommen worden. Selbstverständlich stehen die Unterhaltungen unter den Politikern, Alterspräsidenten, Faschingsprinzen und anderen hochgestellten Weinhebern drin beim Neujahrsempfang auf einem wesentlich höheren Niveau. Hier geht es schließlich um das Wohl der Stadt, hier werden Weichen und Beine gestellt für das kommende Jahr, und Probleme erörtert wie etwa, was wir morgen für ein Wetter kriegen, daß es bisher ein schwacher Winter war, daß die Krautwickerla und auch das Risotto mit Geflügeleinlage in der Rathauskantine nach Fensterkitt schmecken, und wie die drängenden Probleme in unserer Zeit des politischen Umbruchs alle lauten.

Oft werden während so eines Neujahrsempfanges auch die Fundamente für tiefgreifende Reformen gesetzt. Wenn der Oberbürgermeister einen auf ihn zueilenden Händeschüttler durch Mark und Bein anlächelt und sodann anhebt: „Auch Ihnen ein xundes Neues mein lieber Herr Direktor Triefel!", dann handelt es sich um eine Reform. Denn es war aus Versehen der Herr Honorarkonsul Bemmerlein, der infolge der Reform hinfort Triefel heißen wird.

Beim Zuprosten mit einigen Schoppen Thermalwein, dem Surren von Laugenbrezensplitter-Querschlägern, Wadenkrämpfen, Handverstauchungen vergeht so ein Nürnberger Neujahrsempfang - eingebettet in das tiefe Schnarchen eines bekannten Oppositionsführers - wie im Flug. Und es bewahrheitet sich auch die Prophezeiung jenes oben erwähnten Chauffeurs für das Neue Jahr, dessen Oberregierungsrat sich laugenbrezenartig im Kofferraum zusammenkrümmt und dem Reserverad ins Ventil lallt „A xunds neis Joohr, mein lieber Herr Gesangverein".

Nürnberger Neujahrsempfänge hinterlassen tiefe Furchen in einem Politiker. Deswegen finden diese so bedeutsamen, majestätischen Ereignisse auch nur alle zwölf Monate statt.

Inhaltsverzeichnis

Wie man eine Metropole wird 5

Trompetensol einer Stripperin 7

Im Jet-Bag bis zur Grenze 9

Der Wanderpersianer 11

Der tiefere Sinn von Öko-Tonnen 13

Die Statistik als solche 15

Wir basteln uns eine Volksmeinung..17

Auch Leguane haben Durst 19

Der Alleskleber Walter K. 21

Pfifferlingsschlupfer an Chardonnaysauce 25

Zwangshandschuhe 27

Brüder zur Sonne, zur Bodenfreiheit..29

Fünfzig und was dann? 31

Helmpflicht bei der Liebe 33

Ein äußerst geheimer Geheimtip 35

In der Mitraucher-Zentrale 37

Der entblößte Personalausweis 39

Da geht die Post ab 41

Wiener Würstchen in Öl auf Leinwand......................................45

Kaffeehaus-Leiden 47

Sigi, der Großspurige 49

Der Mundleuchter 51

Aus der Tiefe der Zehe 53

Stummelschwanz im Vormarsch 55

Wir üben Geduld...57

Plastikkartengrüße 59

Ein Zwischenfall am Unschlittplatz 61

Mülltrennung 65

Rotzglöckchen, Blauröckchen 67

Mit Sekten in den Vollrausch 69

In der Einfalt liegt die Kraft 71

Und die Bibel hat doch recht..73

Sie können jedoch eine Nachricht hinterlassen 75

Die Irrfahrt eines Kartoffelsacks 77

Der Steckdosen-Symphoniker...79

Mausragout mit Buttertoast 81
Die Sonnwendfeier 85
Die gastronomische Fürsorgepflicht 87
Ein Klavier hat keine Bremsen 89
Das Flüster-Fest 91
Die Einweichung eines Kanzlerdenkmals 93
Die Unifomierung der Bamberger Hörnchen 95
60 Jahre Fleischsalat und so weiter 97
Die Kettenreaktion der Büchsenmilch 99
Verzweiflung am Rückgabeknopf 101
Der Ohrenbohrer 105
Radfahren im Dreivierteltakt 107
Ein neues Sittich-Center 109
Das endgültige Loch 111
Wo ist denn der Beo? 113
Spezialagent Fledermaus 115
Im Wartezimmer 117
Die Suche nach dem Fräskopf 119
Stahlruten und Fahrradketten 121
Was ist Demokratie? 125
Der indische Rauhhaarhamster 127
Autofahren gefährdet die Gesundheit 129
Die Moral im Hinterhof 131
Verzauberte Weckla 133
Töpfern, Tanzen, Trockenangeln 135
Die Geschwister Strumpfmannsberger 137
Der tibetanische Tempelhund im Mittagessen 139
Tischtennis als Nachtkonzert 141
Wie weit ist ein millionstel Millimeter? 145
Der Wunderhobel 147
Wenn der Magen bellt 149
Woher kommen wir, wohin gehen wir? 151
Die Geisterleine 153
Ein Leuchtturm auf Wanderschaft 155
Mit dem Sekthelm durch die Altstadt 157
Wie man einen Installateur abschleppt 159
Seine Exzellenz, der Facharbeiter 161
Wir bedienen einen PC 165
Das Gästebuch und seine Folgen 167
Die Gruppe Holzdübel Live in Concert 169
Der Humor-Virtuose 171
Wie ein Preßsack unter die Räder kam 173
Das Ende des Öko-Kugelschreibers 175

Zahnlos 177
Briefmarkenbefeuchter bangen um ihren Arbeitsplatz 179
Eisenschusser, Ledereier & Co. 181
Die Schattenseiten der Schönheit 185
Das Rotationsprinzip 187
Der Alleinunterhalter 189
Wühlmaus-Sulze 191
Ein Wintermärchen 193
Sinnvolle Geschenke 195
Eine Fahrstunde 197
Trunkenheit am Tropfer 199
Mundexplosionen 201
Auf dem Küchenbüffet durch die Stadt 205
Der Mißbrauch von Glühwein 207
Der Mückenschützer 209
Freiheit für Franken 211
Disko auf Rädern 213
So flog der Xaver in die Freiheit 215
Ein Blick in die Zukunft 217
Neujahrsempfängnis 219